中国旅游发展年度报告书系
Annual Development Report of China's Tourism

中国休闲发展年度报告 2016—2017

ANNUAL REPORT OF CHINA LEISURE DEVELOPMENT 2016—2017

中国旅游研究院

北京·旅游教育出版社

责任编辑：郭珍宏

图书在版编目（CIP）数据

中国休闲发展年度报告. 2016—2017 / 中国旅游研究院著. -- 北京 : 旅游教育出版社, 2017.7

ISBN 978-7-5637-3611-9

Ⅰ. ①中… Ⅱ. ①中… Ⅲ. ①闲暇社会学－研究报告－中国－2016-2017 Ⅳ. ①D669.3

中国版本图书馆CIP数据核字(2017)第190016号

中国休闲发展年度报告 2016—2017

中国旅游研究院 著

出版单位	旅游教育出版社
地　　址	北京市朝阳区定福庄南里 1 号
邮　　编	100024
发行电话	（010）65778403　65728372　65767462（传真）
本社网址	www.tepcb.com
E - mail	tepfx@163.com
排版单位	北京旅教文化传播有限公司
印刷单位	北京中科印刷有限公司
经销单位	新华书店
开　　本	787毫米×1092毫米　1/16
印　　张	7.75
字　　数	106 千字
版　　次	2017 年 7 月第 1 版
印　　次	2017 年 7 月第 1 次印刷
定　　价	55.00 元

（图书如有装订差错请与发行部联系）

《中国休闲发展年度报告 2016—2017》编委会

主任委员

戴　斌

编　　委（按姓氏音序排序）

戴　斌　蒋依依　李仲广　马仪亮　宋子千　唐晓云

吴丰林　吴　普　夏少颜　杨宏浩

《中国休闲发展年度报告 2016—2017》编辑部

主　　编

李　雪　中国旅游研究院区域旅游发展与规划研究所　博士

执行主编

黄　璜　中国旅游研究院区域旅游发展与规划研究所　博士

编辑部成员（按姓氏音序排序）

黄　璜　李　雪　王丽丽　文圆圆　吴丰林

殷英梅　张佑印

目录

CONTENTS

第一章

全域旅游背景下的国民休闲发展

一、全域旅游与国民休闲

（一）全域旅游的内涵与特征

与传统旅游发展模式相比，全域旅游是以旅游业为优势主导产业，带动乃至统领经济社会全面发展的一种新的区域旅游发展模式，强调社会资源和生产要素的优化配置都要紧密围绕旅游业展开。可以说，全域旅游将整个区域作为旅游景区来规划建设，通过对区域旅游资源、相关产业、生态环境、公共服务、文明素质等要素资源的优化配置，构建区域可持续的旅游产业体系，实现区域综合发展，是整合型、全过程的管理行为。全域旅游具有以下几方面特征：

全局性。全域旅游旨在打破原有的封闭式景区景点建设，将“点”式的单一景区发展模式转为统筹发展的全域旅游目的地模式，社会多部门合作推进旅游发展，实现旅游产业对区域经济社会发展的整体带动作用。全域旅游基于旅游发展管理的视角，具有全局性，从资源配置、产业发展、市场结构、组织运作等多个方面进行统一统筹规划，对区域内的社会经济资源，包括旅游资源、生态环境、公共服务、政策法规进行全方位的提升。

空间性。传统的景点旅游模式将景区景点的建设经营与社会分离，旅游项目相对封闭，空间上的约束限制了旅游活动的扩展，不利于旅游产业的长久发展。全域旅游将过去的“点”式旅游发展空间模式在区域范围内进行了“面”式的拓展，改变以景区为主要构架的旅游空间，使旅游要素向外拓展，使旅游基础设施和公共服务建设渗透到整个区域，旅游产业从传统的以景区为核心拓展至整个区域空间。

带动性。旅游业对国家的经济社会协调发展具有积极的促进作用。全域旅游是以旅游业作为区域发展的优势产业和核心动力，能够带动区域经济社会的改革创新，带动产业经济增长，带动多个产业融合发展，带动社会文化的变革升级，促进区域经济社会的协调发展。

整合性。全域旅游的整合性是指改变单一的以旅游产业为主导的产业结构为以旅游产业为核心的复合型产业结构，将社会经济的资源加以整合运用。全域旅游覆盖面广，涉及多个方面，在自身发展的过程中促进区域经济社会的发展，引领带动各产业的改革创新、转型升级，统筹产业空间布局，促进旅游业与第一、第二、第三产业资源的整合，充分发挥自身的融合性作用，形成综合新产能。

共享性。全域旅游的共享性是指旅游发展的收益惠及多个社会主体。目前，我国旅游业发展的受益者多为涉旅企业和相关部门，受益面小。全域旅游的提出使旅游业发展带来的好处可惠及社会各个行业，有利于充分调动各方积极性，实现旅游发展的共建共享。在这一过程中，既能保证旅游企业和旅游者的利益，又能保证包括当地居民在内的多个利益主体的相关利益，让普通群众和多方企业在旅游发展中受益，实现旅游发展社会效益的最大化。

（二）旅游、休闲与全域旅游

世界旅游组织对旅游的定义是“为了休闲、商务或其他目的离开惯常环境，前往异地并停留时间不超过一年，其间进行的活动的总和”，强调的是空间意义上的活动。休闲在国际上被广泛接受的概念是个人从工作岗位、家庭、社会义务中解脱出来时间，休息、消闲或是培养与谋生无关的技能，以及自发地参加社会活动和自由发挥创造力，是时间意义上活动的总称。这里所指的休闲是“人们在工作或者劳动之余所从事的一切使身心放松的活动的总称”，是在惯常空间内部、本地的休闲形式，更多强调了休闲的时间属性。“旅游”的空间位移属性和“休闲”的时间支配属性在时间和空间上形成了互补，早在2009年国务院颁布的《国务院关于加快发展旅游业的意见》中就明确提出把鼓励积极进行旅游休闲作为促进人的全面发展的重要途径之一；2013年，国务院颁布实施《国民旅游休闲纲要（2013—2020年）》，提出进一步促进旅游休闲产业健康发展，建设具有中国特色的国民旅游休闲体系；2014年，国务院颁布实施的《关于促进旅游业改革发展的若干意见》中明确指出要积极发展休闲度假旅游，营造居民休闲度假空间；2016年12月5日，国家发展改革委、国家旅游局联合发布《关于实施旅游休闲重大工程的通知》，再一次强调要充分认识实施旅游休闲重大工程的重要意义。

全域旅游是一个全区域、全时段的旅游产业发展战略，将过去仅关注旅游景区的“点”式发展模式转化为区域化的发展模式。全域旅游既服务于外地游客，同时也服务于本地居民，为当地居民带来全新的休闲体验，变革居民的休闲方式与休闲内容。

全域旅游将旅游与休闲相统一，为外地游客打造覆盖全市域时空、全产业链的目的地，为城市居民营造覆盖全市域时空、全产业链的休闲环境。既包括外地游客的旅游环境，又包括本地居民的休闲环境。从休闲时间研究旅游，可以分为旅居（老年人）、异地旅游（节假日）、周末游憩（周末）、工作日休闲（工作日）等四大类型。传统的旅游研究主要集中于异地旅游，但全域旅游概念实际上还涵盖了旅居、周末游憩和工作日休闲，通过研究国民休闲可以为全域旅游发展提供理论支撑；同时，通过发展全域旅游，可以统筹考虑旅游者和本地居民休闲需求，有助于推进国民休闲发展。

二、全域旅游目的地建设有助于推动国民休闲发展

（一）有助于优化本地居民的休闲消费环境

全域旅游是以旅游业为优势产业，对区域内社会资源和生产要素进行优化配置的区域发展模式。全域旅游既要为游客服务，也要为市民服务，创建一个“宜居宜游”的区域环境，在提高游客体验感、增加旅游收入的同时，注重本地居民利益的扩展，从相互对立到共同发展，从重视生产到同时兼顾生产与生活，从发展经济产业到同时发展产业与事业。全域旅游目的地的建设能够为本地居民创造更好的休闲消费环境。

为了推进全域旅游的发展，国家重点推进旅游休闲公共服务体系建设，对旅游目的地的自然、生态、文化环境和公共设施、服务基础等多方位因素进行全方位提升，不仅为游客提供更为舒适的环境，也能够改善本地居民的居住环境，提高居民的休闲生活质量。例如，政府为了推动中西部地区旅游业的发展，完善中西部基础设施，围绕国家重点旅游线路和集中连片特困地区扩建机场。交通设施的完善不仅有利于外来游客的进入，同时也为居民的出行带来更多便利，机场、汽车站、停车场、高速公路服务区、商业集中区等公共基础设施的完善更进一步优化了本地居民的休闲消费环境。公共基础设施的完善，使区域能够吸引更多的社会资金流入，进而提升多种休闲基础设施，如宾馆饭店、会展中心、游乐场、公园、步行街、体育、文化、娱乐、健身场所等的档次，提升区域现有的旅游休闲水平。此外，全域旅游推进了旅游休闲服务规范和质量标准的完善，为本地居民带来了更为有序的休闲消费市场秩序。

良好的环境是休闲消费的必要条件，发展旅游业需要以良好的生态环境为基础。全域旅游的推广要求各相关部门加强对区域环境保护，提高人们对环境的关注程度，增加生态环境保护力度，加强环境治理，实现旅游的可持续发展，提高居民的生活质量。

（二）有助于丰富本地居民的休闲方式

全域旅游需要各行业的充分融入、各部门的协同管理，实现多产业融合和产品多元化。由于休闲产业下的细分产业对于本地居民与游客来说实际上并无差别，因此也为本地居民的休闲方式提供了更多选择。

休闲产业包含多个产业，包括体育业、游戏业、餐饮业等，这些产业的服务对象不仅限于旅游者，当地居民也在其中。如体育业中的滑雪场、观赏业中的旅游景区、城市公园，服务的对象既包括外来游客，也包括本地居民；再如餐饮业，既可以满足本地居民的饮食需求，同时也可以满足游客对旅游六要素中“食”的需求。全域旅游的发展，必然会为城市居民营造覆盖全市域时空、全产业链的休闲环境，丰富本地居民的休闲内容，多样化居民的休闲方式，提升居民的生活品质。

全域旅游能够打造全时空、全方位、全覆盖的休闲空间，因此游客在享受全域旅游带来的更为丰富的产品的同时，本地居民也能获得更为丰富的休闲内容和多样化的休闲方式。

（三）有助于推动本地居民转变休闲消费观念

尽管我国已经属于休闲社会，但由于长期以来居民更重视生产、工作，忽视了休闲的重要性，造成居民的休闲消费意识淡薄；休闲产业的不完善，也使公共休闲设施和有效休闲产品供给不足，导致居民休闲方式单调、休闲活动被动、休闲消费支出较低。随着我国城乡居民生活水平不断提升，人们对休闲消费的需求不断扩大，对休闲产业的服务水平和产品品质的要求也进一步提高。

休闲消费是休闲主体获得自由发展和身心愉悦体验的重要方式，休闲能够激发人们的意志力和创造力，帮助人的个性得以发展。随着全域旅游的开展，游客人数日益增多，游客的示范效应逐渐凸显，本地居民的休闲理念、休闲意识与休闲需求也因此得到提升，休闲消费行为发生相应改变。

（四）有助于提升本地居民的休闲消费水平

本地居民的休闲消费水平取决于居民的收入水平。研究表明，旅游行业发展能够有效提高国民经济发展水平，增加居民收入。随着全域旅游的开展，公共基础设施和公共服务不断完善，势必吸引众多的投资者，为休闲产业发展带来大量资金，有助于加速区域的休闲产业升级；旅游休闲的高速发展也为当地带来了更多的就业岗位和就业机会，解决了当地的就业问题并吸引大量劳动力，对区域的可持续发展产生正面效应；大众旅游和服务，如分享经济、Airbnb 等，已经遍及国内各地区，多行业的融合能够充分利用闲置资源，在为游客提供便利的服务、划算的价格的同时，也将闲置资源重新投入市场，带动休闲产业循环发展，为本地居民带来更多收入。在良好的循环链推动下，人们有更多的可自由支配收入进行休闲消费，能够进一步推动本地居民的休闲消费扩大和升级。

三、全域背景下国民休闲发展思路

（一）转变居民休闲消费观念，提升休闲消费需求

据统计，目前我国居民的消遣娱乐类休闲消费行为较多，智力发展类休闲消费行为较少，休闲消费观念仍处于较低层次。科学健康的休闲消费行为能够改善人们的休闲生活质量，提升人们的整体素质，促进休闲产业的持续健康发展。

政府需要采取多种措施，转变居民的休闲消费观念，正确认识休闲消费行为，开展广泛而持久的休闲教育，提高居民享受休闲生活的素养和技巧，利用电视、互联网等大众媒体向居民普及科学、合理、健康的休闲观念，使公众逐步改变狭隘的休闲观念，提升人们的休闲品质和休闲素质，进行正确的休闲消费，将更多的时间和收入用于旅游、艺术、健身、教育等休闲活动，逐步增强休闲消费意识，扩大人们的休闲消费需求。

在全域旅游的推广过程中，国民固有的旅游休闲消费观念得以转变。过去，在国民固有观念中，旅游往往是以走马观花的形式流于表面，游客关注的重心更倾向于参观景点数量的多少，而对于区域体验的质量和深度要求并不高，这样落后的旅游休闲消费观念导致了游客前往某一个旅游目的地往往是一次性行为。旅游休闲观念的转变使居民认识到，对于某些旅游资源丰富的区域或休闲设施完善发达的城市，一次性的探索是不够的，从而产生针对同一目的地进行重复消费的欲望。此外，对大部分居民而言，主要闲暇时间仍以周末及其他法定节假日为主，多为 2~3 天，时间上的限制导致人们难以进行长途旅游，更多地选择了中短途旅游，其目的地一般选定在本市及附近。休闲观念的转变能够

促进本地居民将更多的注意力集中于周边地区，倾向于重复前往居住地附近旅游资源丰富且设施完善的区域，进而促进了旅游休闲消费重复行为的发生。

（二）改善社会保障水平，增强休闲消费能力

休闲产业涉及多个行业，产业链长、覆盖面广，能够为当地提供大量就业机会和多样化的就业岗位。政府需要利用休闲产业发展，建立公共就业服务体系，改善就业结构，扩大就业容量，建立健全行业规范，保护就业者。强化非全日制、临时性、季节性、钟点工、弹性工作等多种就业形式，扩大就业规模，改善国民的就业情况，提高居民收入。

公共服务完善状况、社会保障体系对居民休闲消费水平影响显著，国家需要进一步完善社会保障体系。加大对社会保障的财政支出，尤其要加大对医疗、教育、失业、住房、养老等福利的投入，同时扩大社会保障体系的覆盖面，让城镇和农村居民都能享受到，增加社会保障感，进而扩大在休闲消费方面的支出。

随着我国逐渐步入老龄化社会，退休的老年人成为休闲消费市场中极具消费潜力的群体。但对于老年人来说，首先需要保证的是养老的必要支出，这就要求国家进一步完善社会保障体系，保障老年人的基本生活，增强老年人对未来的乐观预测，降低对储蓄存款的依赖，增加休闲消费，逐步使老年人成为休闲旅游的重要客源。

闲暇时间是休闲的主要制约因素，想要国民进行休闲活动，就要求政府能够确保国民拥有充足的可自由支配时间。假期的短缺极大地限制了我国旅游消费需求的释放，尽管2015年国务院办公厅印发的《关于进一步促进旅游投资和消费的若干意见》中提出了从落实职工带薪休假制度、鼓励错峰休假和鼓励弹性作息等三个方面优化假期安排，但纵览全国，能够切实落实这一政策的企业数量仍然较少。由于我国地域广阔，各个地区的经济发展水平不一，社会经济结构各有特点，各地区的社会人文状况、风俗习惯也各有差异，政府需要针对具体情况，因地制宜，实行有差异的带薪休假制度，鼓励用人单位树立带薪休假观念，为休假制度提供政策、法律上的支持，切实落实国民的休假权利。

（三）优化产品结构，增加有效休闲供给

随着国民逐步树立健康的休闲消费观念，其对休闲产品的数量和质量的要求也进一步提高。目前看来，我国提供的休闲产品并不能满足国民需求，应及时优化产品结构，升级现有休闲产品，增加休闲产品的有效供给。全域旅游在推进过程中会逐步形成分区化的休闲体系，包括休闲社区、度假区、中央休闲区等，并结合区域实际情况，进行多方位产业融合，提升休闲产品和服务质量，打造休闲市场环境，在为外地游客提供更多的旅游产品的同时，也为本地居民创造新的消费点。

充分考虑社会经济文化环境和个体特征因素，针对不同的消费类型和需求特点，借助大数据进行精准营销，形成独具特色的休闲消费体验，采用多样化的销售模式，为居民提供更为丰富便利的购买方式。坚持需求导向和产业化方向，顺应市场需求，使全域旅游休闲产品更加贴近现实需求，以城镇居民的消费需求作为主导，打造休闲旅游热点，增加有效供给，提供恰到好处的休闲产品，实现多样化。

政府应推进公共休闲空间建设，如城市公园、休闲步行街等，既可以提升城市居民的休闲生活质量，又可以为游客提供多元化的休闲选择；设置旅游度假区、国民休闲地、休闲绿道，更好地落实城市的游憩功能；建立数量众多、内容丰富的休闲农庄、创意农业等休闲业态；挖掘区域的文化内涵，提供免费休闲场所，包括各类公园、纪念馆、博物馆、艺术馆等，将文化生活与休闲生活相结合，满足城市居民日常高密度的休闲需要；设置小体量的休闲设施，在钢筋水泥的丛林中为城市居民预留足够的休闲空间。

（四）完善城乡休闲设施，提高国民休闲水平

基础设施建设和公共服务设施是休闲产业的基础。政府应全方位打造城乡休闲基础设施，使公共服务便利化，严格按照城乡基本公共服务均等化与居民生活水平同质化的要求，进一步完善城乡基础设施建设，提升城乡公共服务质量与水平，加强城乡现代化管理，努力缩小城乡间公共服务差距，做好城镇乡村共同发展，加大国民休闲基础设施建设投资，构建休闲救援安全体系，为居民休闲活动提供全方位的保障。发挥乡镇财政制度和城镇建设公共政策体系的作用，拓宽筹资渠道，实现投资多元化，推动城镇在文化、科技、医疗卫生、生态环境、信息化等领域的公共设施建设，使休闲产业在新型城镇化过程中加速发展。

将休闲旅游与区域城镇化相结合，能够促进区域城镇化水平迅速提高，进而推动休闲产业的发展。城镇化地区利用现有的旅游资源及其他有利条件，大力发展休闲度假产业，拓展城镇的规模、功能，加强辐射扩散效应；而区域城镇化的发展规模扩大成就了休闲度假旅游在当地产业结构中的主导地位，结合当地资源，因地制宜，形成独特的旅游度假休闲区。推进休闲农业与乡村旅游发展，应注重生态保护和文化传承，加强休闲基础设施建设，充分利用自然生态、生产生活、民俗风情等资源，打造休闲农业区域品牌，从而提高居民收入水平，改善当地的社会设施、基础设施、公共服务水平，提高城镇居民的休闲消费水平。

（五）增强行业监管，保障休闲消费市场秩序

合理有序的消费市场是休闲业发展的重要保障。良好的消费市场秩序能够有效提高居民的消费体验感，促进休闲业的健康发展。

维护休闲消费市场秩序需要加大市场监管力度，加强监管机制创新，由相关部门联手营造和维护良好的休闲消费市场环境。工商部门应加大监管力度，依法取缔无证照经营的休闲娱乐场所，依法查处无营业执照经营的旅行社或部分旅游业务、无执照从事导游或领队等非法经营的行为；交通部门依法查处不符合国家规定的车辆非法从事运营，严厉打击出租车宰客、客运服务乱收费等非法行为，对使用无资质营运旅游客车、违反旅游合同等违法违规行为进行及时整治；质监部门定期对休闲娱乐场所大型游乐设施、客运索道等特种设备实施安全检查；食品药品监管部门加强食品流通安全监管，积极开展食品流通环节的许可和监管工作，确保市民食品消费安全；质检部门对旅游景区餐饮服务单位进行重点监管，密切关注其他地区餐饮服务单位，重点查处违规从事餐饮服务活动行为，对经营不符合质量标准食品、强迫交易、敲诈勒索等行为进行严厉打击；公安部门依法严厉打击强迫消费者消费、敲诈勒索等侵害消费者权益以及从事违法活动的犯罪行为，对销售假冒伪劣商品、虚假价格信息欺诈的商家进行查处。

维护休闲消费市场秩序必须加强部门联手，严格行业监管，加强旅游景区之外与游客和居民密切相关的更大范围的社会空间的市场环境治理，营造有序的休闲市场环境，同时宣传普及诚信经营，提高行业诚信水平，利用政府部门监管、行业自律、群众和舆论监督，多方面维护休闲消费市场秩序，为当地居民营造良好的休闲消费环境，保障休闲消费市场的秩序。

第二章

中国居民休闲时间特征研究

我国城乡居民以及退休居民的休闲时间分配和休闲活动内容存在较大差别，因此，本报告将我国居民分为城镇居民、农村居民和退休居民三类进行研究。由于存在大量的农村居民进城务工现象，划分城镇和农村居民的主要依据是其所从事的产业，而不是户口状况。在城镇居民中，将具有农村户口且从事第二、第三产业的居民划为农民工。考虑到居民在一年中不同时期的休闲时间特征显著不同，所以将城镇居民的休闲分为工作日休闲、周末休闲和节假日休闲三类，将农村居民的休闲分为农忙时休闲和农闲时休闲两类，退休居民则计算其平均每日休闲时间。

一、中国居民休闲时间的总体特征

鉴于中国城镇、农村居民在休闲时间和休闲内容上存在显著差异，我们将三类居民的工作和休闲分开进行考察。将居民一天 24 小时分成三部分：工作时间、生理需求和家务劳动时间以及休闲时间。为更好理解休闲时间的含义，本研究按忙时，也即工作日与农忙时间的城乡居民休闲时间长短划分出以下类型：不足 2 小时视为休闲时间匮乏，2~4 小时视为休闲时间正常，5 小时以上视为休闲时间富足；按闲时，也即周末、节假日以及农闲时间的城乡居民休闲时间长短做出如下划分：不足 2 小时视为休闲时间匮乏，2~4 小时视为休闲时间较短，5~7 小时视为休闲时间正常，7 小时以上视为休闲时间富足。

（一）城镇居民休闲时间的总体特征

1. 工作日期间劳动强度大，休闲时间短

数据显示，2017 年，我国城镇居民的工作日劳动时间以 6~8 小时为主，占 53%；而 22% 的受访对象的工作日工作时间达到 9~10 小时；15% 的受访者表示其工作日的工作时间达到 10 小时以上；工作时间不超过 6 小时的仅占总样本量的 3%（见图 2-1）。本报告认为，工作日工作时间在 6~8 小时左右，才较有可能进行工作日的短时休闲；而工作日的工作时长在 9 小时以上的人群，工作压力较大，基本不具备每日休闲的可能。从整体来讲，我国城镇居民的工作时间较长，尤其是与休闲习惯及休闲条件相对完善的西欧国家相比，工作日休闲条件仍需进一步改善。

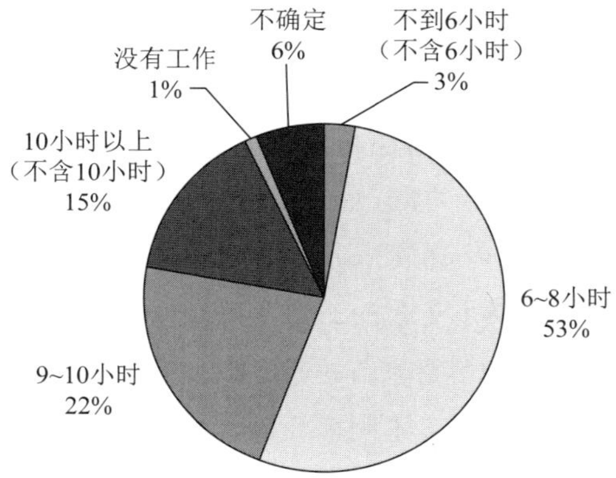

图 2-1　城镇居民工作日工作时间分布

工作日休闲时间直接受制于工作时间的长度。2017 年，我国城镇居民工作日的平均休闲时间为 2.73 小时。其中以 2~4 小时为主，占 43.3%，该部分人群具备工作日进行日常休闲活动的时间保障，属于工作日休闲时间正常人群。17.5% 的人群表示工作日期间几乎没有时间休闲；而 19.1% 的人群则表示工作日期间休闲时间不足 2 小时，这两部分人员占比近四成，构成了工作日休闲时间匮乏人群。10.5% 的人群表示工作日期间可以有 5~7 小时的休闲时间，4.7% 的人群表示有 7 小时以上的休闲时间，他们属于休闲时间富足人群，共占 15.2%（见图 2-2）。由此可以看出，我国城镇居民的工作日休闲时间整体仍然比较缺乏，多数人群在工作日期间没有充足的休闲时间。

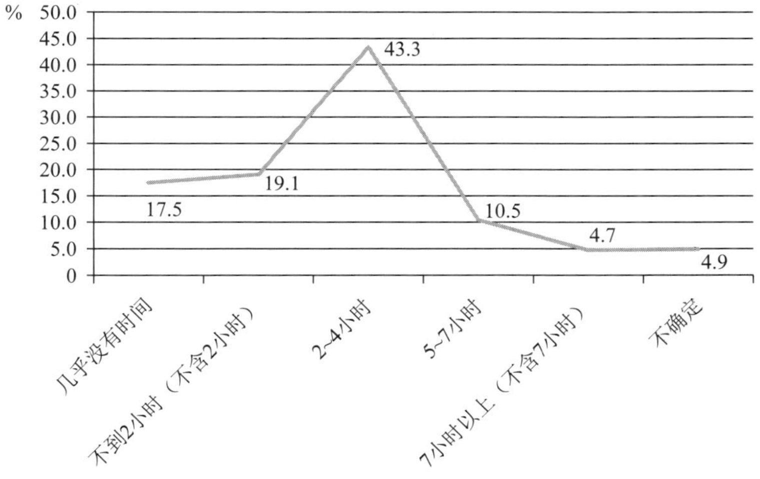

图 2-2　城镇居民工作日休闲时间分布

2. 周末是城镇居民的主要休闲时段，但仍有四成以上居民休闲时间不足

2017 年，我国城镇居民的平均周末休闲时间为 5.32 小时，与 2015 年的数据持平。周末是城镇居民开展休闲活动的主要时段。然而，仍有四成以上的城镇居民面临周末休闲时间不足的问题。具体来看，将近 20% 的城镇人口周末休闲时间匮乏，其中，12% 的人群周末几乎没有时间休闲，8% 的人休闲时间不到 2 小时；22% 的人群休闲时间较短；21% 的人群休闲时间正常；29% 的人群休闲时间富足（见图 2-3）。总体来看，我国城镇居民的周末休闲状况仍然不容乐观，41.7% 的调查对象属于周末休闲匮乏或者较短人群，说明近半数的城镇居民在周末仍然难以享受正常的休闲生活。只有 28.7% 的人周末休闲时间比较充足，这一比例仍有待进一步提高（见图 2-4）。休闲时间不足制约了城镇居民生活质量的提升。

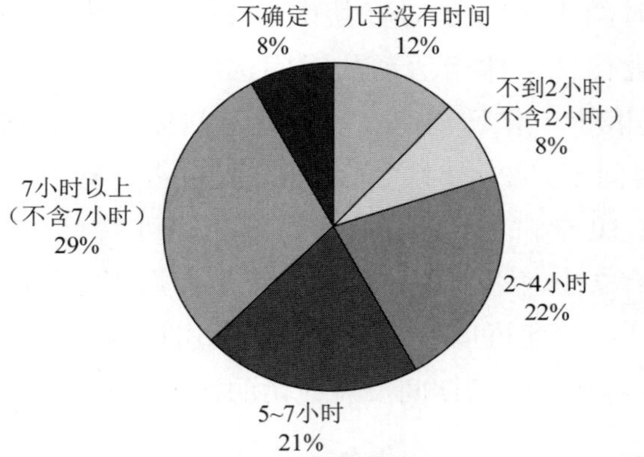

图 2-3　城镇居民周末休闲时间分布

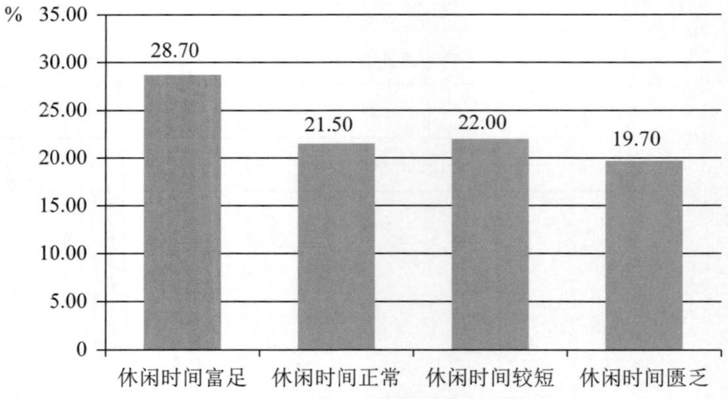

图 2-4　城镇居民周末休闲时间类型划分

3. 节假日期间的休闲时间明显增加，7 小时以上人群比重最大

自从我国启动黄金周休假制度以来，节假日集中休闲成为我国居民旅游休闲的重要特征。节假日期间，我国城镇居民的休闲时间明显增加，尤其是每日休闲在 7 小时以上的人群比例上升明显，达到了 42%。休闲时间不足 2 小时的人群比例仅为 5%，休闲时间在 2~4 小时的人群比例为 14%，说明在节假日期间，居民多从事更远距离和长时间的休闲活动，进行平日里难以有时间完成的较大型休闲活动项目。但不可忽视的是，在节假日期间仍然有 12% 的人群表示几乎没有时间休闲，说明某些特定行业和人群，即使节假日仍然难有基本的休闲时间保证（见图 2–5）。虽然部分人可能通过调休或者是年假等方式实现休闲时间的转移，但不可否认，仍可能有部分行业和岗位的工作压力太大，导致民众基本的休闲权利难以实现。

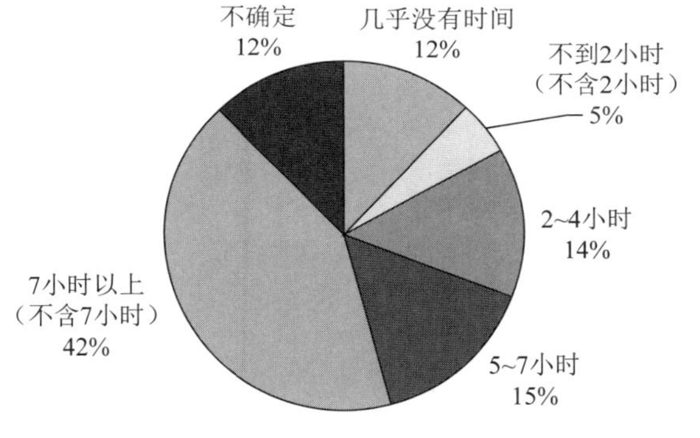

图 2–5　城镇居民节假日期间休闲时间分布

从纵向对比来看，2012 年我国城镇居民的节假日平均休闲时间为 6.86 小时；2013 年出现较大幅度下降，为 6.17 小时；2015 年开始，城镇居民的节假日休闲时间又开始小幅回升，达到 6.19 小时；2017 年的回升趋势更为明显，达到了 6.35 小时，但与 2012 年相比，仍存在较大的差距。

总体来说，当前我国城镇居民的休闲时间仍有待提高。究其原因，一是由于生活节奏加快，工作压力日益增大；二是由于假期制度安排不合理，无法满足居民正常的休闲需求。较少的休闲时间制约了休闲活动的开展。工作日区段，多数城镇居民受到 8 小时工作制度以及家庭杂务和社会交往等的束缚，休闲生活安排不足。当前我国城镇居民的休闲活动仍然主要集中在周末和黄金周。2017 年，我国城镇居民的周末平均休闲时间为 5.32 小时，而节假日的平均休闲

时间为 6.35 小时（见图 2-6）。周末适合开展近郊旅游、运动健身以及其他耗时较短的休闲活动，节假日则适合开展远途旅游等耗时长、花费高的休闲项目。周末与节假日的城镇居民休闲结构存在较明显的差异。

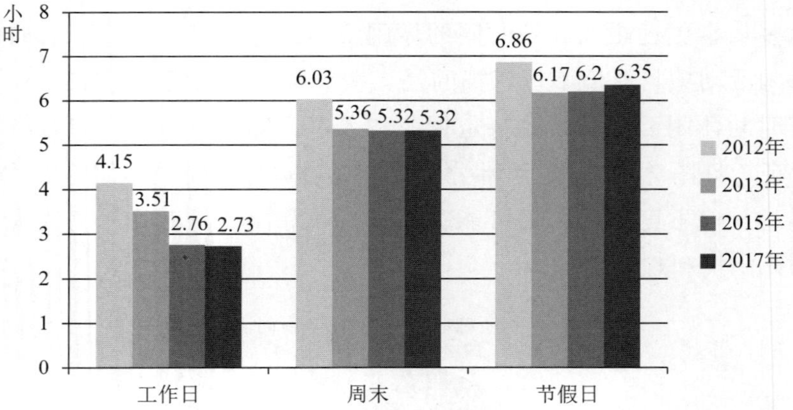

图 2-6　城镇居民不同时段平均休闲时间变化趋势

（二）农村居民休闲时间的总体特征

按照农村的社会经济发展规律，分农忙和农闲两个时间段考察农村居民的休闲时间状况。

1. 农忙时劳动时间长、强度大，休闲时间较短

农村居民在农忙时节的劳动时间较长，休闲时间较短。26% 的受访者表示农忙时每天劳动 10 小时以上，13% 的受访者表示农忙时的劳动时间在 9~10 小时，25% 的受访者表示农忙时的工作时间在 6~8 小时。这表明，农忙时农民的劳动时间长、劳动强度大，除去每日必需的生理活动时间，60% 以上受访农村居民的休闲时间难以保证（见图 2-7）。这与农业生产的季节性特点相吻合，也符合我国长期以来农业社会所形成的农忙作、农闲息的生活规律。

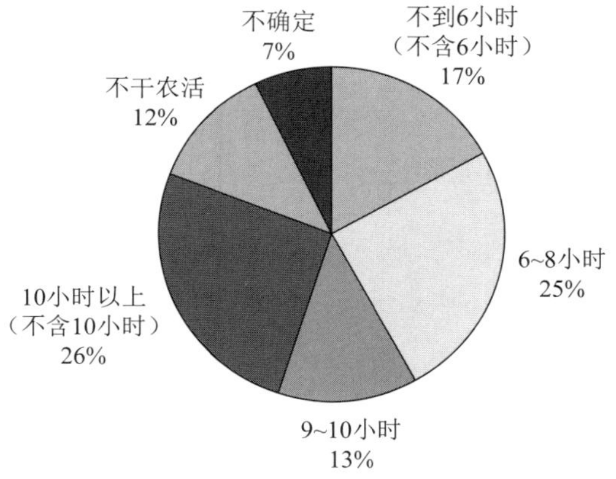

图 2-7　农村居民农忙时劳动时间分布

农忙期间，我国农村居民的平均休闲时间为 2.71 小时。有 48% 的人群属于休闲时间匮乏人群，其中，33% 的受访者表示农忙时几乎没有时间休闲，15% 的人农忙时的休闲时间不足 2 小时。每天有 2~4 小时休闲时间的人群比例为 24%。休闲时间比较充足的人群比例为 21%，其中，12% 的人群休闲时间为 5~7 小时，9% 的人群表示休闲时间在 7 小时以上（见图 2-8）。总体来说，农忙时并非农村居民开展休闲活动的主要时段。但农村的忙时休闲时间富足人群比例为 21%，仍高于城镇工作日休闲时间富足人群所占的比例（15.2%）。

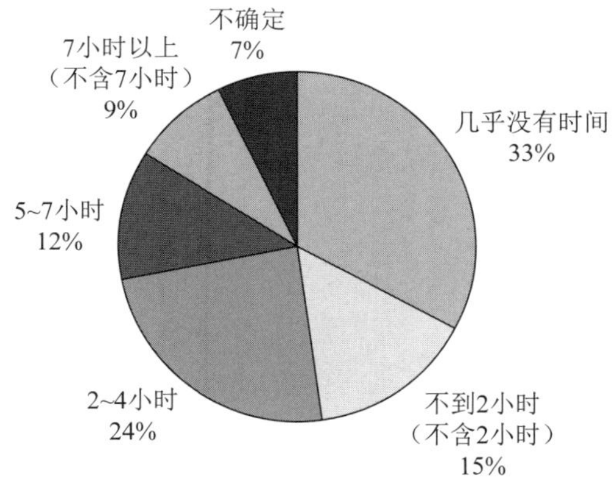

图 2-8　农村居民农忙时休闲时间分布

2. 农闲时是农村居民主要的休闲时段

农闲期间，我国农村居民的劳动时间较少，平均每日 3.84 小时，比农忙时的劳动时间减少近一半。其中，27% 的受访者表示农闲期间不干农活，36% 的受访者表示农闲期间的劳动时间不足 6 小时。也就是说，农闲时，六成以上的农村居民拥有充分的休闲时间。然而，仍有 11% 的受访者的工作时间在 9 小时以上，说明一部分农村居民处于全年无休的状态，这既与农村居民崇尚日出而作、日落而息的生活习惯相关，也在一定程度上说明部分农村居民尚未建立起正确的休闲理念（见图 2-9）。

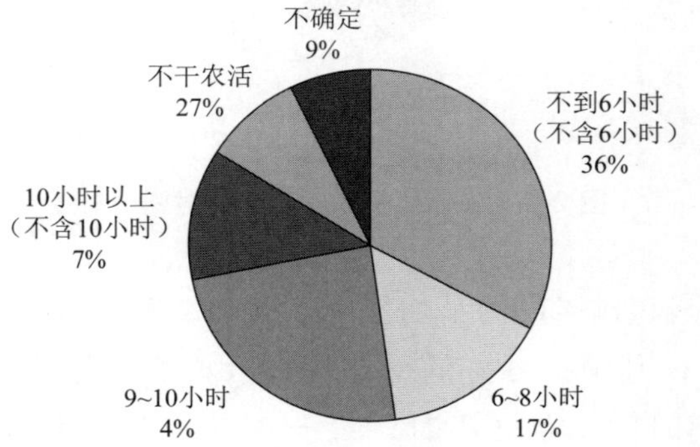

图 2-9　农村居民农闲时劳动时间分布

农闲时我国农村居民的平均休闲时间为 4.65 小时，比农忙期间增加了 1.94 小时，增幅达 71.6%。其中，每日休闲时间在 7 小时以上的休闲时间富足人群占比最大，为 23%；农闲时期能够享受每日 5~7 小时休闲时间的人群比例为 17%；而每日休闲时间在 2~4 小时的休闲时间较短人群比例为 21%；休闲时间匮乏人群的比例为 27%，其中几乎没有时间休闲的为 16%，说明部分农村居民即使没有农活压力，也未进行充分的休闲活动（见图 2-10）。

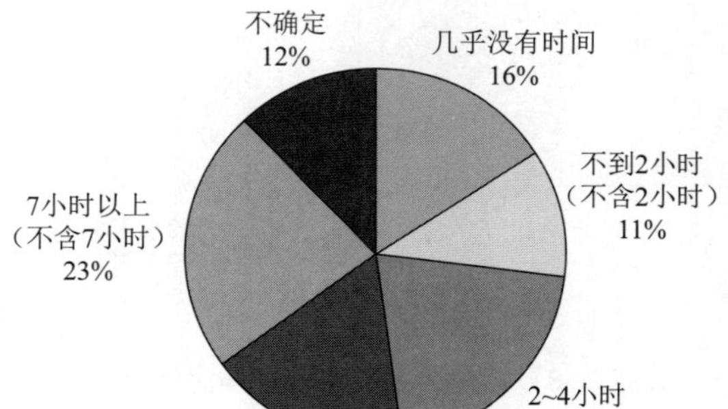

图 2-10　农村居民农闲时休闲时间分布

（三）城镇与农村居民休闲时间比较

1. 忙时阶段：农村居民劳动时间差异较大，城镇居民工作时间分布较为均匀

忙时阶段属于两组群体传统上的工作时间，休闲活动较少。相比较来说，城镇居民的每日工作时长在 6~8 小时的比重明显高于农村居民，而农村居民在农忙时段每日工作时长在 10 小时以上的比例明显高于城镇居民，农村居民每日工作不到 6 小时的比重也明显高于城镇居民。这说明，由于城乡的经济运行方式不同，农村居民在农忙时的劳动强度更大，劳动时间更加集中；而城镇居民多数具有固定的工作时间，劳动强度比较均匀（见图 2-11）。

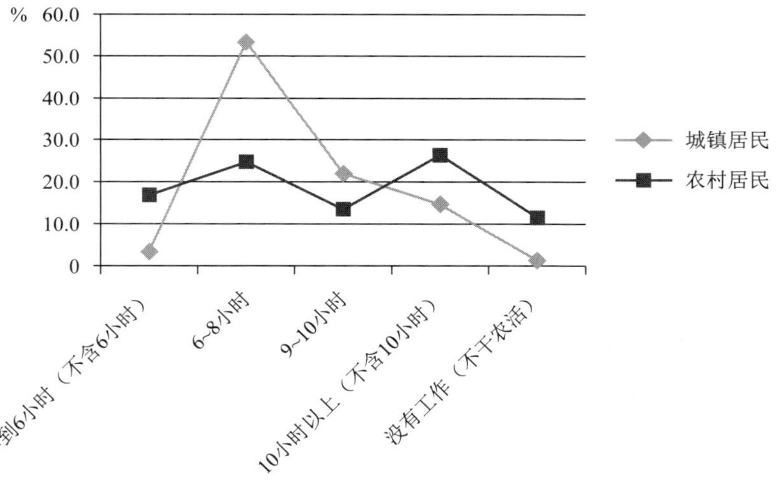

图 2-11　城乡居民忙时工作时间比较

从忙时的休闲时间来看，城镇居民的休闲时间呈现正态分布，休闲时间在 2~4 小时的人群比重为 43.3%，而农村居民在农忙时以几乎没有时间休闲的人群所占比重最大，说明农忙时农民的工作压力大、劳动时间长，休闲活动更少于城镇居民。

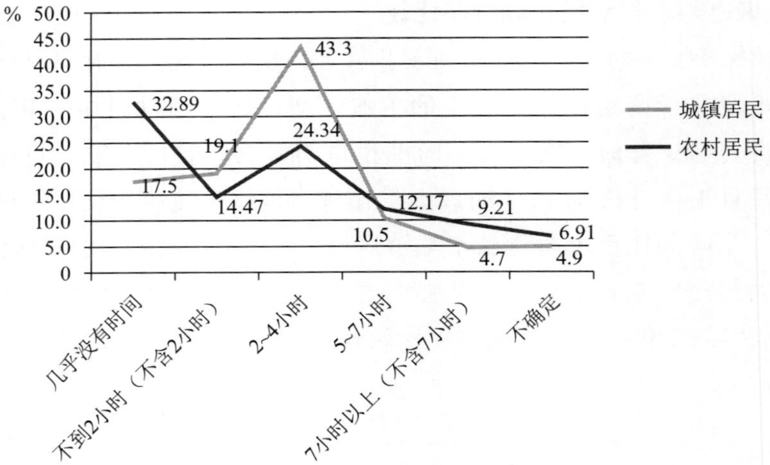

图 2-12　城乡居民忙时休闲时间比较

2. 闲时阶段：农闲与周末的休闲时间分布规律类似，节假日休闲时间分布波动明显

将城镇居民的周末与节假日，以及农村居民的农闲时期视为闲时阶段。从图 2-13 的比较来看，城镇居民周末与农村居民的农闲时期的休闲时间分布规律类似，农村居民的休闲时间分布波动小于城镇居民。节假日的休闲时间分布波动最明显，7 小时以上（不含 7 小时）的比重明显升高。从平均时间来说，城镇居民的闲时休闲时间多于农村居民。城镇居民的周末平均休闲时间为 5.32 小时，节假日平均休闲时间为 6.35 小时，而农村居民的闲时平均休闲时间为 4.65 小时。从当前休闲活动的时间保证程度来说，城镇居民优于农村居民。当前农村空心化现象严重，留守老人与儿童居多，他们的休闲观念较为落后，休闲习惯尚未养成，即便有充足的农闲时间，他们仍然会选择参与各种劳动。而在城市生活节奏日益加快、工作压力越来越大的情况下，城市居民，尤其是年轻的职场人士的休闲需求更加迫切，其在有限的时间内总是尽量充分地选择各种形式的休闲活动。

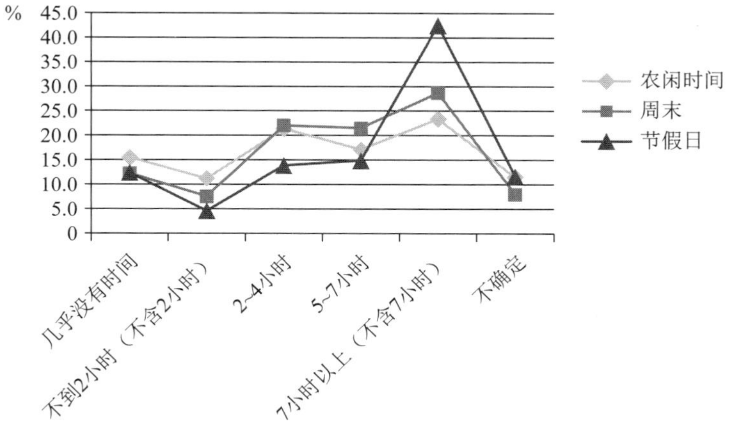

图 2-13 城乡居民闲时休闲时间比较

（四）退休居民休闲时间的概况

退休居民是有闲有钱的特殊阶层。从平均休闲时间看，退休居民的平均每日休闲时间为 6.54 小时，明显高于其他人群。从休闲时间结构看，退休居民每日休闲时间在 7 小时以上的人群占 44%，5~7 小时的人群占 18%，休闲时间富足与休闲时间正常的人群比例明显高于上班居民。每日休闲时间在 2~4 小时的休闲时间较短人群占比为 15%。几乎没有时间休闲的人群比重为 9%，每日休闲时间不足 2 小时的人群比重为 5%，可见，共有 14% 的退休居民的休闲时间比较匮乏（见图 2-14）。总体来说，我国的退休居民休闲时间比较充足，时间安排更加灵活，是应该着力开发的休闲市场。但是，仍然有小部分退休居民由于寻找第二份工作，或者是替儿女分担家务等原因，导致休闲时间匮乏。

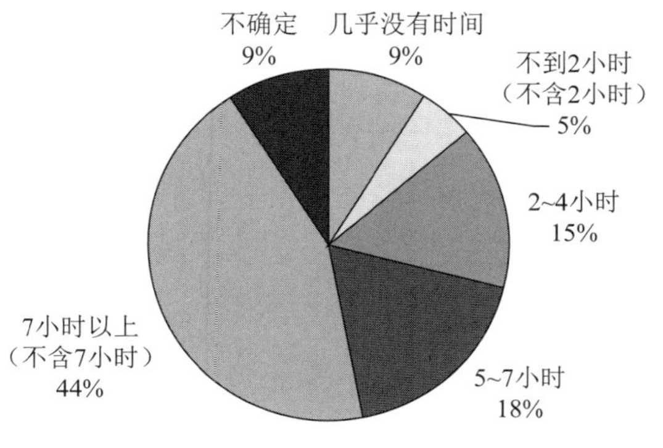

图 2-14 退休居民休闲时间分布

退休居民的休闲时间分布与城镇居民的节假日休闲时间分布规律类似（见图 2-15）。对于退休居民来说，只要金钱以及动机等其他条件具备，多数都有随心所欲进行休闲活动的时间保证。而且，这部分退休居民不受节假日的硬性时间约束，可以避开节假日出游高峰。有钱有闲的退休阶层是当前我国休闲市场开发的重点，应从产品供给角度为这部分人群提供更加符合其需求的休闲产品。

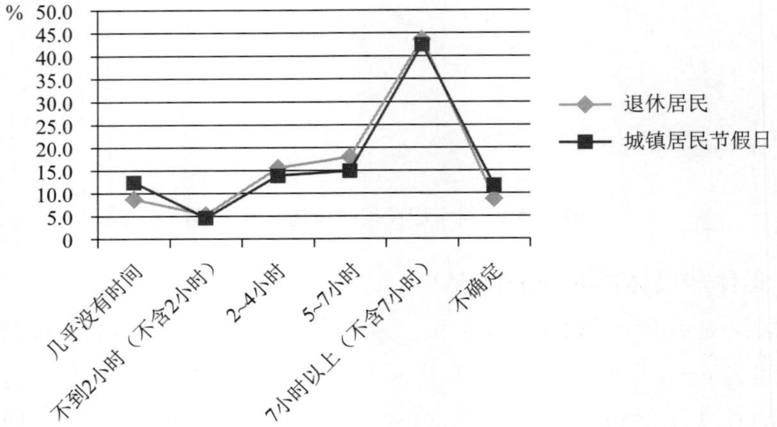

图 2-15　退休居民休闲时间与城镇居民节假日休闲时间比较

二、从性别看不同人群休闲时间特征

性别、年龄、收入等社会人口学特征会对居民的休闲时间存在一定的影响。本报告将根据所调研对象的不同人口特征对居民的休闲时间状况进行分析和说明。

（一）从性别看城镇居民的休闲时间

2017 年，我国不同性别的城镇居民工作日休闲时间基本持平，与 2015 年相比，女性居民的平均休闲时间有所增长，男性居民的平均休闲时间则有所下降。2017 年，城镇女性居民的工作日平均休闲时间为 2.73 小时，男性为 2.72 小时，男性和女性的工作日休闲时间基本持平。但从历年数据来看，女性的工作日休闲时间一直低于男性，平均差值介于 0.2~0.3 小时之间（见图 2-16）。2017 年的女性工作日休闲时间实现反超，一方面说明我国城市女性的休闲意识提高，休闲权利得到更好保障；另一方面则体现了当前社会分工在性别上更为公平，在承担家务与照顾家庭等方面，男女性责任更为平均，使更多女性从繁重的家务中逐步解脱出来。

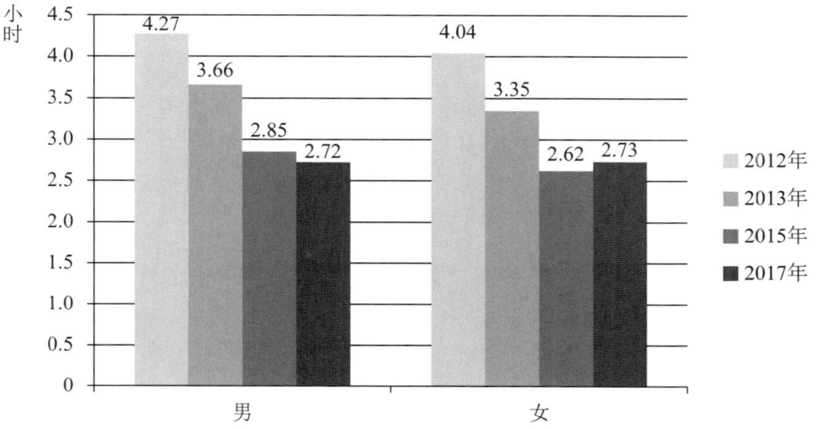

图 2-16 不同性别城镇居民工作日休闲时间变化趋势

周末休闲时间方面，女性略高于男性。2017 年，我国城镇女性居民的周末平均休闲时间为 5.43 小时，而男性居民的周末休闲时间为 5.25 小时。男性和女性的周末休闲时间基本与 2015 年持平。2015 年开始，我国城镇女性的周末休闲时间就反超男性，2017 年仍然维持了这一态势（见图 2-17）。说明我国女性居民的周末休闲意识明显增强。家庭的教育观念也可能是引发这一变化的原因，周末亲子休闲活动受到更多家庭的重视，女性在家庭中的地位也决定其可能是家庭亲子休闲活动的主要参与者，从而使女性周末休闲时间增加。

与 2015 年相比，2017 年我国不同性别的城镇居民的节假日休闲时间均获得了不同程度的提高。与男性相比，女性仍然具有较多的休闲时间。2017 年，城镇男性居民的节假日平均休闲时间为 6.31 小时，而女性的平均休闲时间则为 6.41 小时（见图 2-18）。女性休闲意识提高这一内部因素与家庭和社会环境对女性更为公平等外部因素，是促进城镇女性居民休闲时间得到不断提高和改善的主要原因。

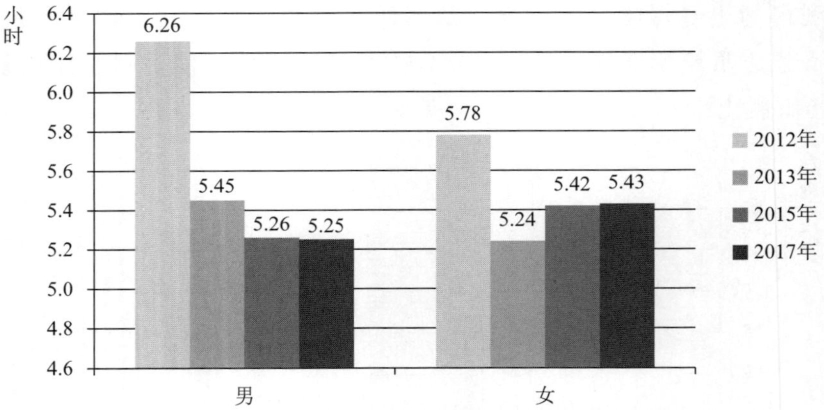

图 2-17　不同性别城镇居民周末休闲时间变化趋势

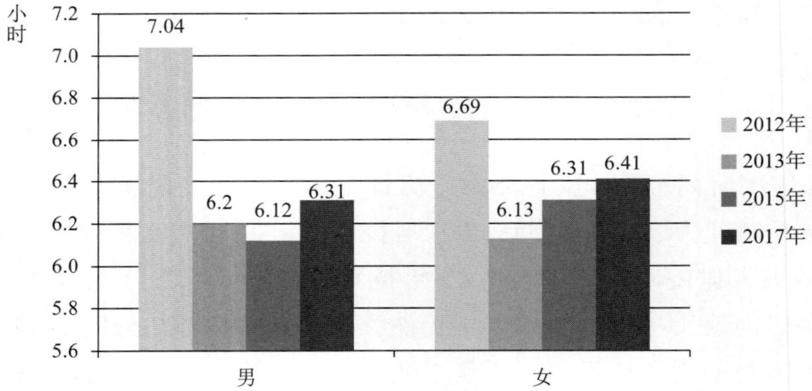

图 2-18　不同性别城镇居民节假日休闲时间变化趋势

整体来看，2017 年我国城镇女性居民的休闲时间在各个时期都高于男性，且呈现出一定的可持续性。女性的社会地位与社会角色的不断改变促使其在休闲活动中的地位和层次有所提高，也在一定程度上说明了当前我国的社会环境对女性更加公平，更加有利于女性。

（二）从性别看农村居民的休闲时间

2017 年，农忙时我国农村男性居民的休闲时间略高于女性居民，男性居民为 3.82 小时，而女性居民则为 3.44 小时。与 2015 年相比，男性居民农忙时的休闲时间获得了较大的增长，而女性居民的休闲时间则出现小幅度下降（见图 2-19）。究其原因，一方面由于农村的生产方式更加多元化，科技在农业发展中的应用越来越多，改变了传统农村对男性劳动力的需求模式；另一方面受传统观念的影响，农村女性在家庭中的角色地位更为重要，较多的家务劳动是导致农村女性在农忙时休闲时间进一步下降的主要原因。

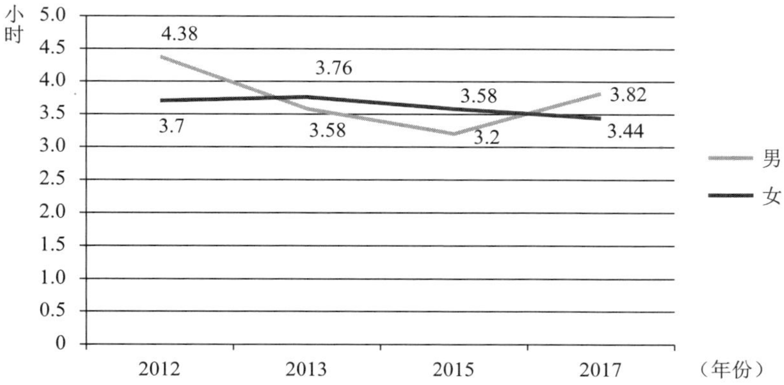

图 2-19　农忙时不同性别农村居民休闲时间变化趋势

2017 年，农闲时我国农村男性居民休闲时间大幅高于女性居民，男性居民为 5.08 小时，而女性居民仅为 4.15 小时。从历年变化趋势来看，农村居民在农闲时的休闲时间一直呈现出男性多于女性的特征。与 2015 年相比，2017 年女性居民在农闲时的休闲时间更是出现了较大幅度的下降，而男性居民的农闲休闲时间则出现了一定幅度的上涨（见图 2-20）。这说明，我国农村地区的传统家庭观念仍然比较突出，农村居民尚未培养出主动休闲意识，尤其是农村的女性居民，仍然被过多的家务劳动所束缚。

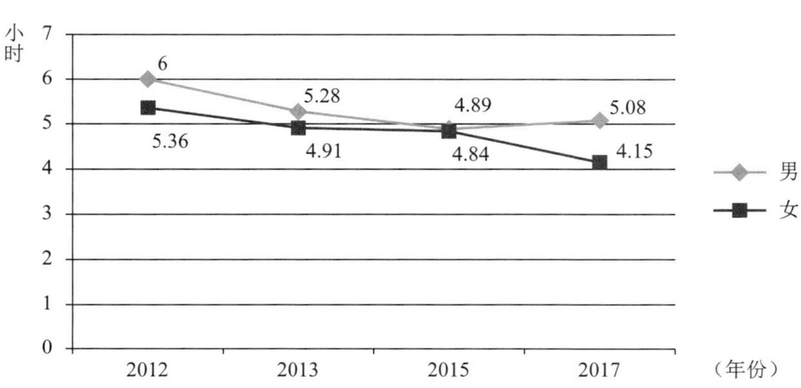

图 2-20　农闲时不同性别农村居民休闲时间变化趋势

总体来说，在我国农村，不论是农忙还是农闲时期，男性居民的休闲时间都高于女性居民，女性的休闲权利需要获得更多保障。当前我国农村地区休闲活动的开展以及居民休闲权利的保障，有赖于社会风气与家庭观念的改变。

（三）从性别看退休居民的休闲时间

退休居民的休闲时间受性别的影响较明显。女性退休居民的平均休闲时间为 5.85 小时，而男性退休居民的平均休闲时间则为 7.30 小时，男性退休居民平均休闲时间高于女性 1.45 小时。这与当前我国的社会现状密切相关。当前中国的老年群体，女性在家务承担、子女照顾以及赡养老人方面承担更多的责任和义务，导致其退休后的闲暇时间被琐碎家务占据，而男性退休人员的生活受家庭影响较小，男主外的社会观念使男性居民退休后可以有更多的时间开展休闲活动。

三、从年龄看不同人群休闲时间特征

（一）从年龄看城镇居民的休闲时间

2017 年，我国城镇居民休闲时间的年龄差异，从整体上呈凹形分布。不同年龄段居民的休闲时间规律存在较大差异。以 15~29 岁以及 60 岁以上人群的休闲时间最为充足，而处于中间年龄层的 30~44 岁以及 45~59 岁人群的休闲时间最为匮乏（见图 2–21）。中间年龄段的城镇居民，由于工作与家庭的压力，在工作日以及周末的休闲时间明显低于其他年龄段城镇居民。但这部分群体在节假日的休闲活动则较为充足，一方面是平时的工作压力急需释放，另一方面也缘于这部分中青年群体具有较为充足的可自由支配资金以及较多的休闲知识。15~29 岁的年轻人，由于多数处于学习阶段，或工作尚未完全稳定，因此休闲时间较为充足，而且处于这一年龄段的人群休闲欲望与休闲能力也都较为突出，是导致其休闲活动较多的重要原因。60 岁以上的退休人员，其休闲时间整体来说非常充足，尤其是在工作日与周末这两个时间段，与其他年龄段人群相比具有绝对优势。但节假日，这一群体的休闲时间并未出现显著提高，主要原因是多数老年人的休闲需求已经在其他时间得到了较好的释放，他们可以选择避开节假日的拥堵，仍按日常习惯开展休闲活动。

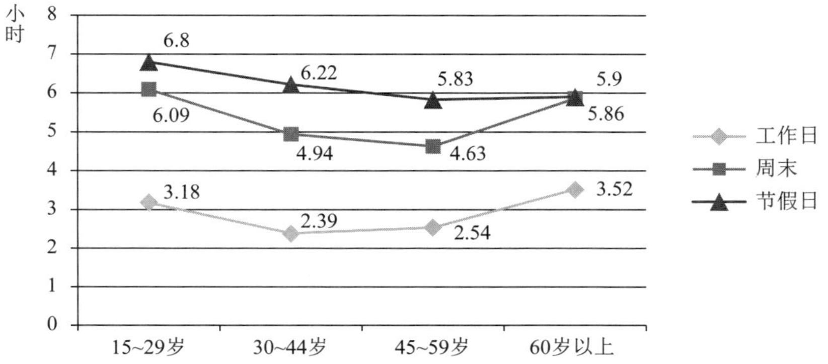

图 2-21 2017 年不同年龄段城镇居民休闲时间比较

工作日休闲时间比较：2017 年此时段不同年龄段城镇居民的休闲时间分布呈现出两头高、中间低的态势。退休居民和 15~29 岁的青年群体休闲时间最充足，分别是 3.52 小时和 3.18 小时。中年群体的工作日休闲时间最匮乏，30~44 岁的中青年群体工作日休闲时间最少，仅有 2.39 小时，45~59 岁的中老年群体略多，达到 2.54 小时。不同年龄段的人群休闲时间最大差值为 1.13 小时。从历年对比看，2017 年 15~29 岁年龄段的城镇居民休闲时间比 2015 年有所增加，从 3.03 小时上升为 3.18 小时；其余各年龄段的人群休闲时间均有不同程度的下降。其中 60 岁以上年龄段的人群休闲时间从 4.02 小时下降为 3.52 小时，降幅为 0.5 小时（见图 2-22）。退休居民作为休闲时间最充足的群体，其实际休闲时间下降，既有可能是由于家庭方面的压力，如全面二孩政策导致老年人需要用更多的时间照顾孙辈，也有可能是由于当前社会对老年人的休闲需求考虑不足，未能为其提供足够且合适的休闲设施。

周末休闲时间比较：与 2015 年相比，2017 年 60 岁以上人群的周末休闲时间出现明显增加，其他年龄段人群未出现显著变化。15~29 岁人群的周末休闲时间比 2015 年增加了 0.11 小时，30~44 岁人群周末休闲时间下降了 0.05 小时，45~59 岁人群的周末休闲时间下降 0.07 小时，这三个年龄段的人群周末休闲时间仅出现了小幅度的增减，与 2015 年基本持平。而仅有 60 岁以上人群的周末休闲时间出现了较大幅度的上升，从 4.62 小时上升到 5.86 小时，上升幅度达到 1.24 小时（见图 2-23）。

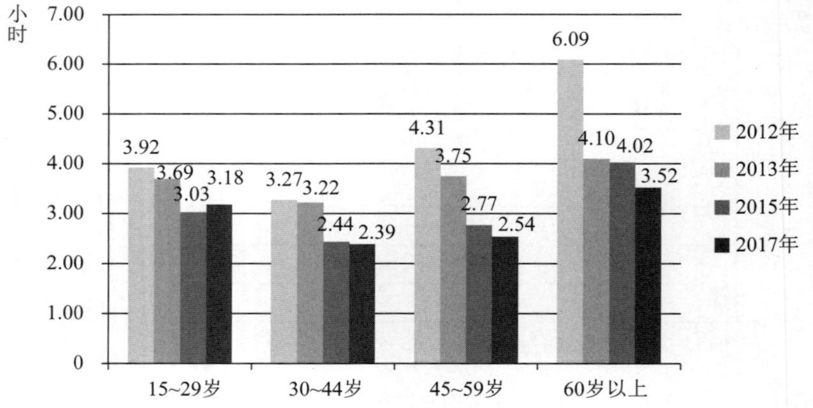

图 2-22　历年不同年龄段城镇居民工作日休闲时间比较

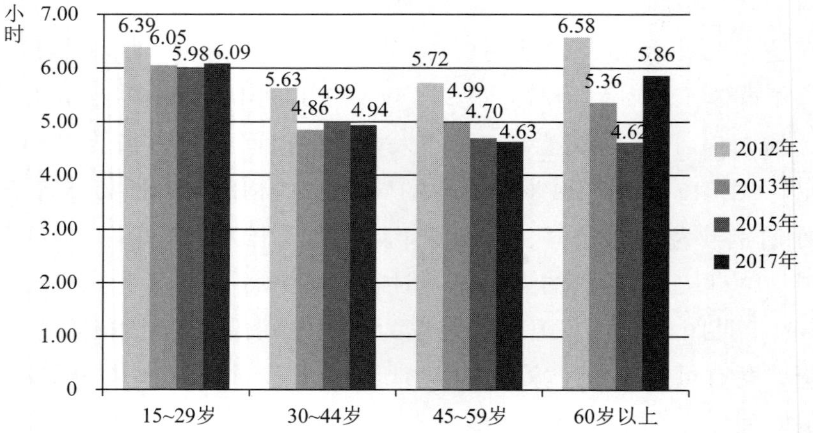

图 2-23　历年不同年龄段城镇居民周末休闲时间比较

节假日休闲时间比较：从历年数据来看，节假日休闲时间与年龄基本成反比。年龄越小，节假日休闲时间越充足。2017 年，15~29 岁年龄段人群节假日的休闲时间达到了 6.8 小时，比 60 岁以上老年人的节假日平均休闲时间多 0.9 小时（见图 2-24）。这说明，年轻人是当前节假日出游的主力军。结合工作日和周末的休闲规律可以看出，节假日是当前年轻人进行休闲活动的最主要时段。

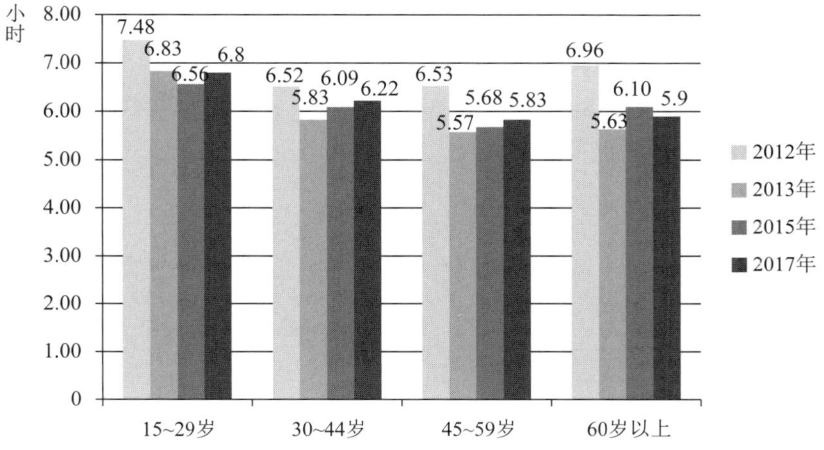

图 2-24　历年不同年龄段城镇居民节假日休闲时间比较

（二）从年龄看农村居民的休闲时间

农忙期间的休闲时间随年龄而递增，农闲期间的休闲时间随年龄先减后增。15~29 岁年龄段农忙和农闲的休闲时间差异最大，达到 2.48 小时，60 岁以上人群休闲时间基本不随农闲和农忙而改变，最为充足。中青年作为农村主要的劳动群体，其休闲时间不论是农闲还是农忙，都比较少（见图 2-25）。

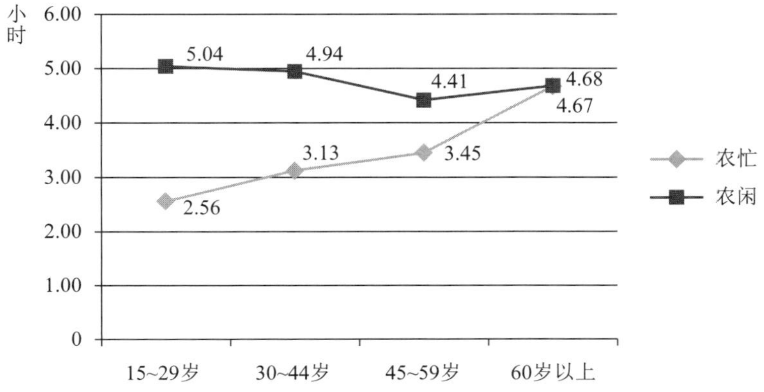

图 2-25　2017 年不同年龄段农村居民休闲时间

从历史数据来看，农忙期间不同年龄段群体的休闲时间差异逐步收敛。15~29 岁年龄组的受访群体休闲时间波动最大，30~44 岁次之，45~59 岁再次，60 岁以上人群的休闲时间变化幅度最小。年龄较小的农村居民，其生活与生产方式还未完全定型，可能出现较大变化，如从学生转变为农民，或者是从城镇务工队伍回归乡村，导致休闲时间的波动；随着年龄的增加，受访者的生活方式固定性增强，其休闲时间也更加稳定，60 岁以上群体的休闲时间基本维持在 4~4.5 小时（见图 2-26）。

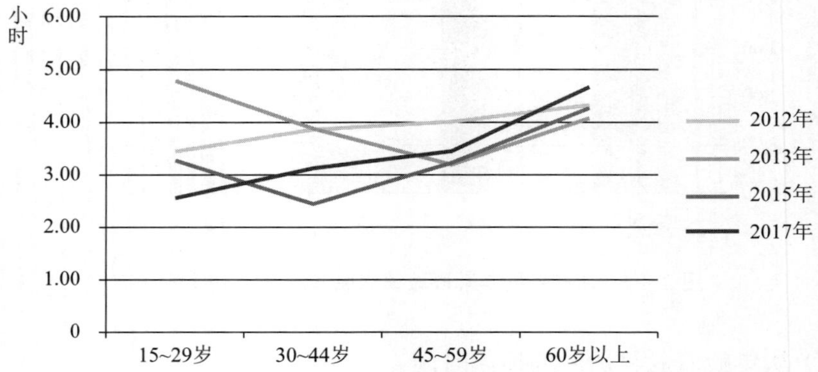

图 2-26　农忙期间不同年龄段农村居民休闲时间的历年数据对比

各年龄段农闲时的休闲时间都比较充足。比较来说，30~44 岁年龄段的受访者在农闲时的休闲时间少于其他所有年龄段，说明即使在农闲期间，作为农村主要劳动力的中青年群体仍然会寻找其他的劳动方式，以获取收入。而 60 岁以上群体以及 15~29 岁群体的农闲休闲时间则均有较好的保证，说明这部分人不是农村家庭的主要支撑者，因此有较多的休闲时间（见图 2-27）。

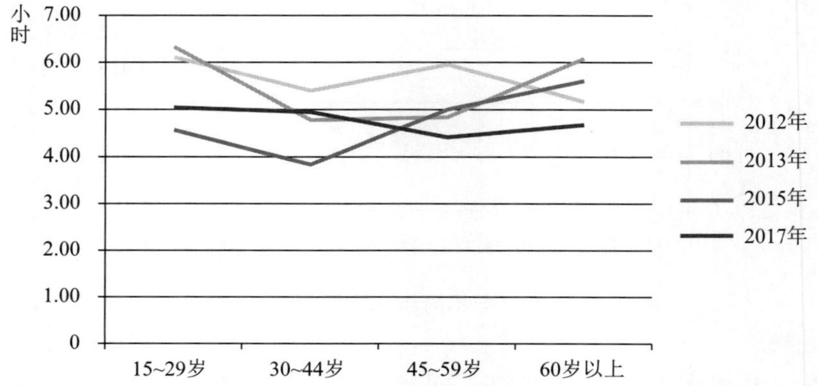

图 2-27　农闲期间不同年龄段农村居民休闲时间的历年数据对比

四、从收入看不同人群休闲时间特征

（一）从收入看城镇居民的休闲时间

收入是决定城镇居民休闲时间的重要因素。总体来说，高收入阶层的工作日、周末以及节假日的休闲时间均明显高于中低收入阶层。将城镇居民月收入大致分为低、中、高三个等级，即低收入为5000元以下，中收入为5001~10 000元，高收入为10 001元以上。通过加权计算后进行比较，2017年，低收入阶层的工作日休闲时间为2.43小时，中收入阶层为2.78小时，而高收入阶层则为3.10小时，高收入阶层的工作日平均休闲时间比低收入阶层多0.67小时。低收入阶层周末的平均休闲时间为4.78小时，中收入阶层为5.37小时，而高收入阶层则为5.83小时，高收入阶层比低收入阶层的周末平均休闲时间多1.05小时。节假日期间，低收入阶层的平均休闲时间为5.75小时，中收入阶层为6.45小时，而高收入阶层则为6.98小时，高收入阶层比低收入阶层的节假日平均休闲时间多1.23小时（见图2-28）。从中也可以看出，工作日期间，不同收入阶层人群的休闲时间差异小于周末与节假日的时间差异。出现这种现象的可能原因在于，收入越低的阶层，节假日与周末的休闲时间越难以得到保证，而高收入阶层周末以及节假日的休闲权利会有更充分的保障。

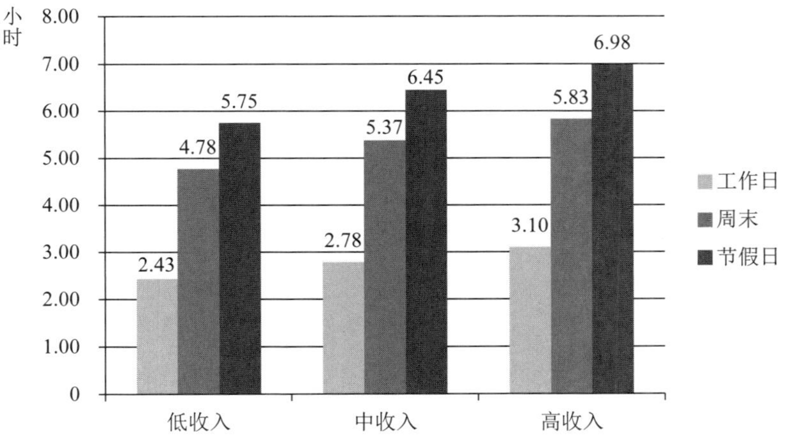

图2-28　不同收入水平城镇居民的各时段休闲时间比较

收入与休闲时间并非呈现出严格的正相关关系。尽管收入是影响城镇居民休闲时间的重要因素，但最低收入并非对应最少的休闲时间。例如，收入在 1000 元以下阶层的休闲时间高于收入在 1001~2000 元的阶层；而收入在 4001~5000 元阶层的休闲时间也略高于收入在 5001~7000 元的阶层。低收入阶层中较高收入者往往由于更加年轻，生活压力更大，对生活有更多追求而选择减少休闲时间，比收入在 1000 元以下阶层的休闲时间更少。而收入在 4001~5000 元的阶层，工作压力往往没有相对收入更高的阶层大，休闲时间反而能得到更好的保证。

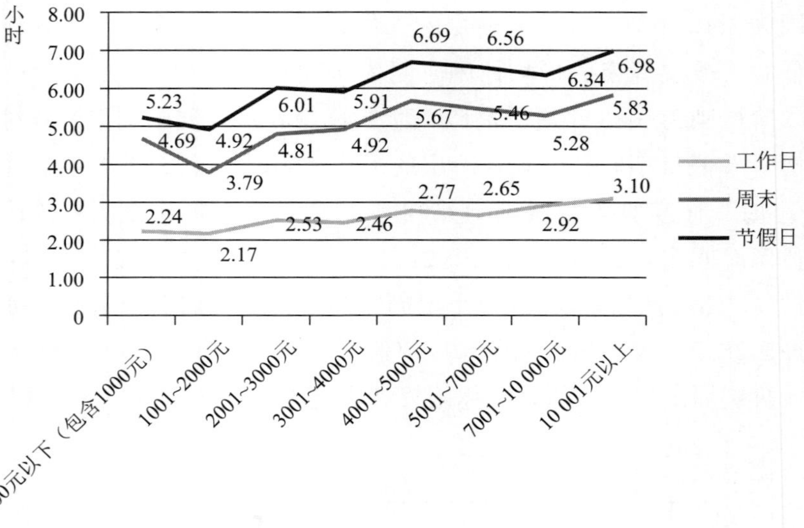

图 2-29　不同收入水平城镇居民的休闲时间

（二）从收入看农村居民的休闲时间

农忙时，家庭人均纯收入在 5000 元以下以及 10 001~15 000 元的阶层平均休闲时间最多，分别为 3.94 小时与 3.96 小时，休闲时间最少的为家庭人均纯收入在 15 001~30 000 元的阶层，最多相差 1.78 小时。而农闲时，平均休闲时间与家庭人均纯收入基本呈现 U 形关系，10 001~15 000 元收入阶层平均休闲时间最少，仅为 3.70 小时；而收入较高家庭则休闲时间更多，其中家庭人均纯收入在 30 001 元以上的阶层休闲时间最长，为 5.88 小时；收入较低家庭的休闲时间高于中等收入家庭，但低于收入较高家庭，其中家庭人均纯收入在5000元以下的阶层农闲时的平均休闲时间为4.33小时，5001~10 000元的阶层平均休闲时间为4.43小时。农闲时不同收入阶层之间的休闲时间最多相差2.18小时（见图2-30）。可见，收入对农村居民的休闲时间存在重要的影响。

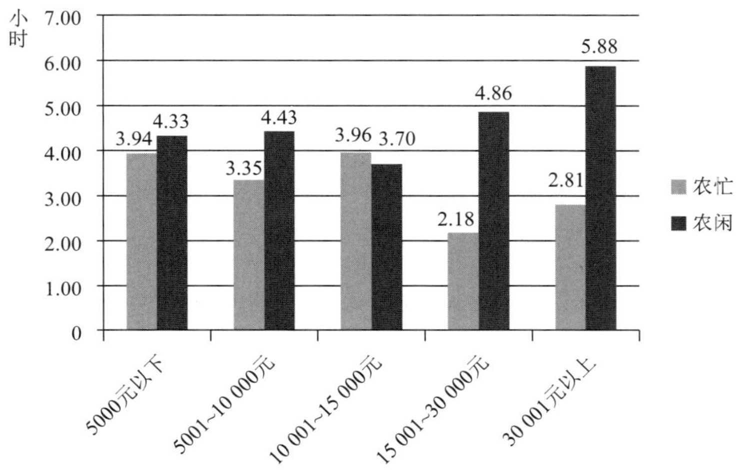

图2-30 不同收入水平农村居民休闲时间对比

（三）从收入看退休居民的休闲时间

收入会影响退休居民休闲时间。从数据看，收入水平高的退休居民，其平均休闲时间高于中低收入的退休居民。但低收入退休居民的休闲时间也高于处于中间收入水平的退休居民。收入在7001~10 000元的群体平均休闲时间最多，达到7.31小时，而收入在2001~3000元的群体平均休闲时间最少，仅有6.16小时。1000元以下的群体，其休闲时间却达到了6.99小时（见图2-31）。这说明，收入虽然会影响退休居民的休闲时间，但并非收入越低，休闲时间越少，反而是中间收入阶层的退休居民休闲时间更难以得到保障，收入并不是影响休闲时间的最重要和唯一的因素。

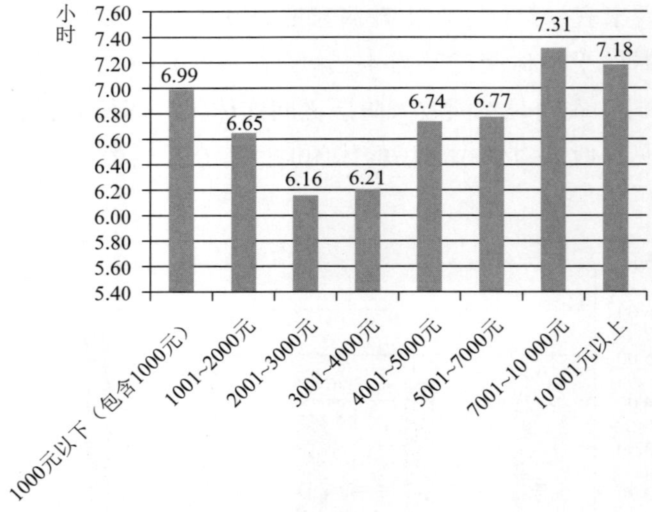

图 2-31　不同收入水平退休居民平均休闲时间对比

五、小结与展望

通过对 2017 年我国城乡居民休闲时间的全面分析可以看出：当前我国城乡居民的总体休闲时间不够充足，不同来源地、性别、年龄以及收入水平的居民休闲时间存在较大的差异。总体来讲，有以下几方面特点：

第一，城镇居民工作日休闲时间不足，周末与节假日是开展休闲活动的主要时段，但两个时段的休闲时间结构有所不同，社会人口特征对休闲时间长短有明显影响。周末以 2~3 小时的短时休闲活动为主，而节假日则以 7 小时以上的休闲活动为主。城镇居民休闲时间分布的波动相对较小。女性的休闲时间有所增加，甚至反超男性；年龄影响城镇居民的休闲时间，中年群体的休闲时间最为缺乏，青年和老年群体休闲时间比较充足；收入与休闲时间大致成正比，但最低收入并不对应最少的休闲时间。

第二，农村居民的休闲时间随农闲和农忙而波动变化，农闲期间是农村居民休闲的主要时段。社会人口特征影响农村居民的休闲时间，但其影响规律与城镇居民有明显不同。农村女性休闲时间少于男性。年龄对休闲时间的影响因农闲和农忙有所不同，农忙时农村居民的休闲时间随年龄而增加，农闲时农村居民的休闲时间则随年龄先减后增。农村高收入阶层在农忙时的休闲时间最少，在农闲时的休闲时间最充足。

第三，退休居民的休闲时间不受工作的限制，是当前休闲时间最充分的群体。男性退休居民的平均休闲时间明显高于女性。收入也会影响退休居民的休闲时间，中间收入阶层平均休闲时间最少。

通过对 2017 年我国居民休闲时间的调研，可以看出，当前我国居民的休闲时间仍然比较匮乏，劳动制度和休假制度需要进一步得到改善。部分群体的基本休闲时间都难以得到保障。传统思想理念以及社会大环境对休闲时间的影响较为明显，民众的休闲观念需要进一步的提升与改善。未来我国的休闲制度安排，应从提高休闲时间总量以及培养民众良好的休闲理念和休闲习惯入手，提升居民幸福指数，建设更加和谐稳定的新社会。

第三章

中国居民休闲内容特征研究

关于居民休闲内容及特征的调查，采用电话访谈和网上问卷的形式，调查对象为北京、上海、广州、成都、西安、长沙、沈阳、武汉、南京、杭州十个城市的城镇居民（2363 人）、农村居民（304 人）和退休居民（919 人）。询问居民在休闲时间进行的主要休闲活动，并根据调查的结果将我国城乡居民的休闲活动分为旅游、餐饮购物、文化娱乐、体育健身和其他休闲共五个大类。城乡居民在休闲偏好、休闲时间、休闲设施等方面的不同导致了我国居民休闲内容的差异。

一、中国居民休闲内容总体特征

鉴于中国城镇居民和农村居民以及退休居民在休闲行为方式与休闲内容方面存在显著不同，我们将对城镇居民和农村居民以及退休居民分别进行考察和分析。

（一）文化娱乐仍是城镇居民休闲的主要内容，外出旅游休闲比重持续上涨

在工作日，2017 年 2363 名受访城镇居民选择的休闲方式及其时间分配比例分别[①]为：选择旅游（包括异地旅游和本市景区景点旅游）的只有 407 人次，约占受访城镇居民总人次的 8.3%；选择餐饮购物（包括外出就餐、实地购物、美容、美发、美甲、洗浴、按摩、足疗等）的有 661 人次，约占受访城镇居民总人次的 13.5%；选择文化娱乐（包括去咖啡厅、茶馆、酒吧、KTV、游乐游艺、DIY 手工坊、影院、剧院、音乐厅、博物馆、展览馆、名人故居、实地演出和比赛、图书馆、学习书法绘画、看电视、上网、玩电脑、打牌等）的有 2431 人次，约占受访城镇居民总人次的 49.8%；选择体育健身（包括去健身中心、舞蹈瑜伽、球类运动、游泳、跑步、散步遛弯儿、唱歌跳舞、广播操、传统体育锻炼活动等）的有 1038 人次，约占受访城镇居民总人次的 21.3%；选择其他休闲（包括家庭内聊天、亲戚串门、养花草和宠物、汽车维修保养、室内装修等）的有 345 人次，约占受访城镇居民总人次的 7.1%（见图 3-1）。

① 由于每名受访者可以提供 1~3 个选项，所以各部分比例是按统计的人次进行计算的。下同。

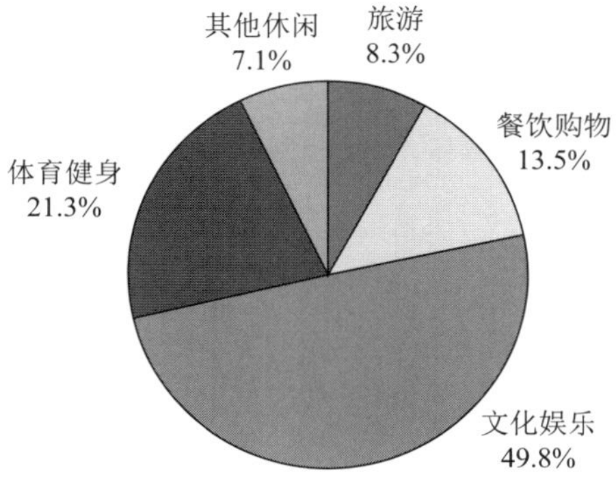

图 3-1　2017 年城镇居民工作日休闲内容分配

在工作日，从城镇居民休闲内容分配的纵向数据来看（见图 3-2），在 2012 年、2013 年、2015 年以及 2017 年中，选择旅游的城镇居民人数占比分别为 1.1%、4.6%、6.2%、8.3%，呈逐年递增趋势；选择体育健身的城镇居民人数占比分别为 24.5%、22.5%、22.7%、21.3%，基本呈递减趋势；而对于文化娱乐、餐饮购物以及其他休闲的选择比例则呈现出不同程度的波动状态。总体来看，在工作日中，城镇居民外出休闲意识逐渐增强，旅游休闲为主要增长方向。

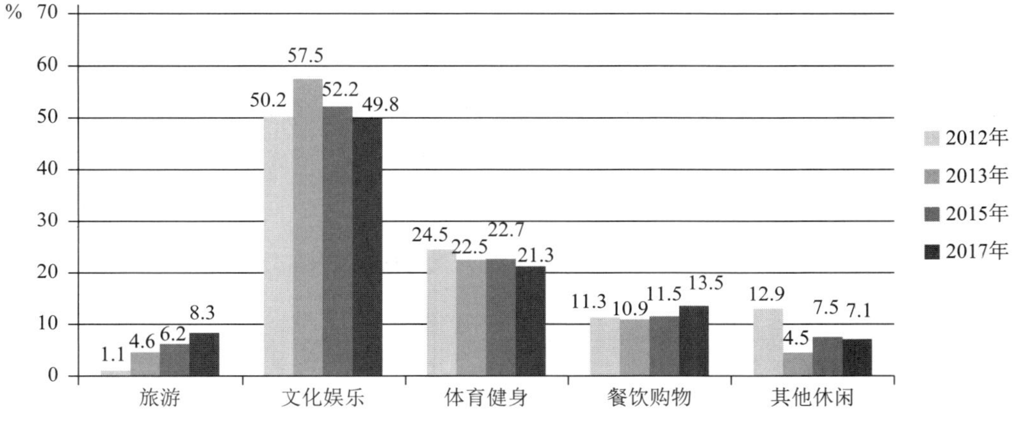

图 3-2　2012—2017 年城镇居民工作日休闲内容分配

在周末，2017 年城镇居民选择的休闲活动及其时间分配比例为：选择旅游的有 772 人次，是工作日选择旅游人次的 1.9 倍，约占受访城镇居民总人次的 21.9%；选择餐饮购物的有 763 人次，约占受访城镇居民总人次的 21.7%；选择文化娱乐的有 1193 人次，约占受访城镇居民总人次的 33.9%；选择体育健身的有 448 人次，约占受访城镇居民总人次的 12.7%；选择其他休闲的有 347 人次，约占受访城镇居民总人次的 9.8%（见图 3-3）。

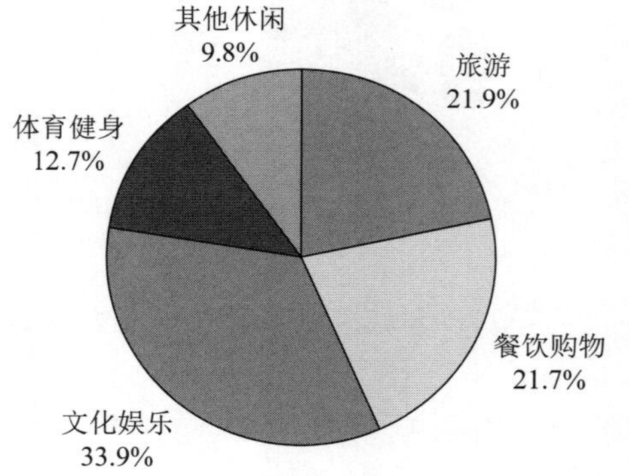

图 3-3　2017 年城镇居民周末休闲内容分配

在周末，从城镇居民休闲内容分配的纵向数据来看，在 2012 年、2013 年、2015 年以及 2017 年中，选择旅游的城镇居民人数占比分别为 4.3%、13.7%、17.7%、21.9%，呈逐年递增趋势；选择体育健身的城镇居民人数占比分别为 20.7%、16.2%、15.1%、12.7%，呈逐年递减趋势；选择文化娱乐的城镇居民人数占比分别为 42.2%、44.9%、39.9%、33.9%，总体呈递减趋势；而对于餐饮购物以及其他休闲的选择比例则呈现出不同程度的波动状态（见表 3-1）。总体来看，在周末休闲中，城镇居民外出旅游比重稳步提升，体育健身与文化娱乐比重逐渐下降。

表 3-1　2012—2017 年城镇居民周末休闲内容分配

单位：%

休闲内容	2012年	2013年	2015年	2017年
旅游	4.3	13.7	17.7	21.9
文化娱乐	42.2	44.9	39.9	33.9
体育健身	20.7	16.2	15.1	12.7
餐饮购物	19.9	17.7	17.1	21.7
其他休闲	12.9	7.5	10.2	9.8

节假日是城镇居民休闲时间最为充裕的时间段，城镇居民可根据自己的需求选择最为喜爱的休闲活动。图 3-4 显示了城镇居民节假日休闲内容分配情况，选择旅游的有 1312 人次，是周末选择旅游人次的近两倍，约占受访城镇居民总人次的 34.3%；选择餐饮购物的有 467 人次，约占受访城镇居民总人次的 12.2%；选择文化娱乐的有 748 人次，约占受访城镇居民总人次的 19.6%；选择体育健身的有 195 人次，约占受访城镇居民总人次的 5.1%；选择其他休闲的有 1100 人次，约占受访城镇居民总人次的 28.8%（见图 3-4）。

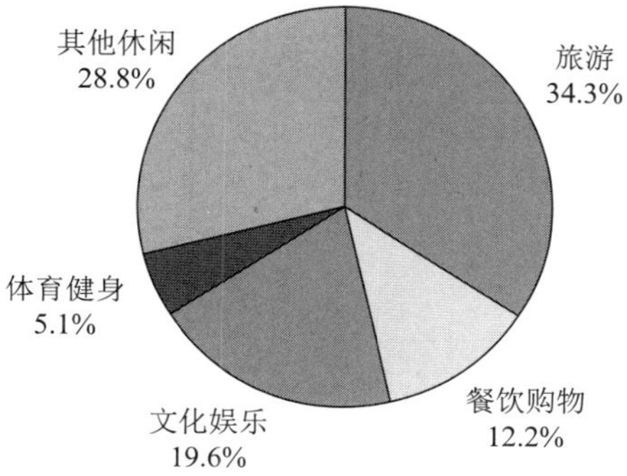

图 3-4　2017 年城镇居民节假日休闲内容分配

图 3-5 显示的是 2012 年、2013 年、2015 年以及 2017 年城镇居民节假日休闲内容分配，从图中数据可知，选择旅游的城镇居民人数呈现逐年递增的趋势，选择其他休闲的城镇居民人数整体也呈现递增趋势；而选择文化娱乐、体育健身的城镇居民人数总体呈递减趋势；选择餐饮购物的城镇居民人数则呈现波动状态。

由图 3-6 可知，城镇居民的休闲活动选择受休闲时间长短的影响很大，对于不同休闲时间，人们的休闲选择存在很大差异。文化娱乐仍是城镇居民最主要的休闲活动，但随着休闲时间的增加，选择外出旅游和其他休闲的居民比例大幅度增加，选择体育健身的居民比例则呈现递减趋势。此外，选择餐饮购物的城镇居民在周末的比重最大。可见，在时间较为充裕的周末和节假日，人们更多会选择外出旅游或是餐饮购物；而在休闲时间较短的工作日，更多的居民选择的休闲活动是文化娱乐和体育健身。

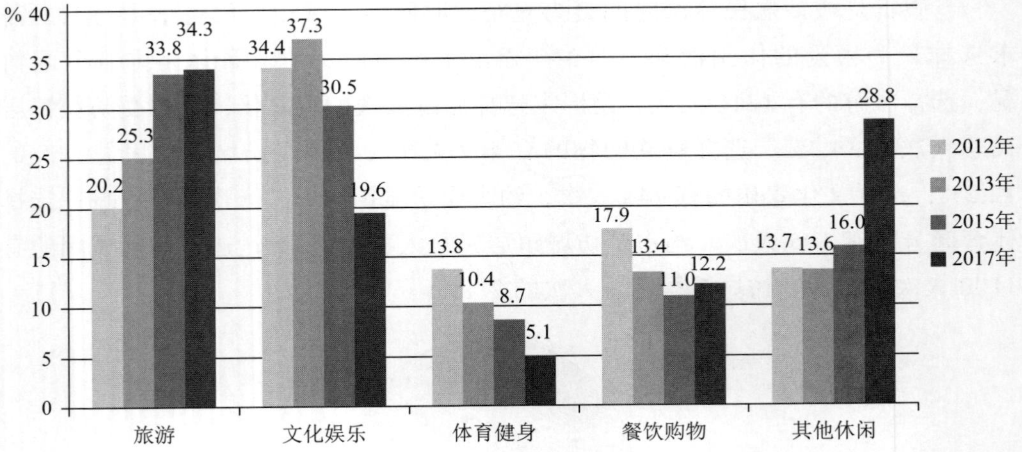

图 3-5　2012—2017 年城镇居民节假日休闲内容分配

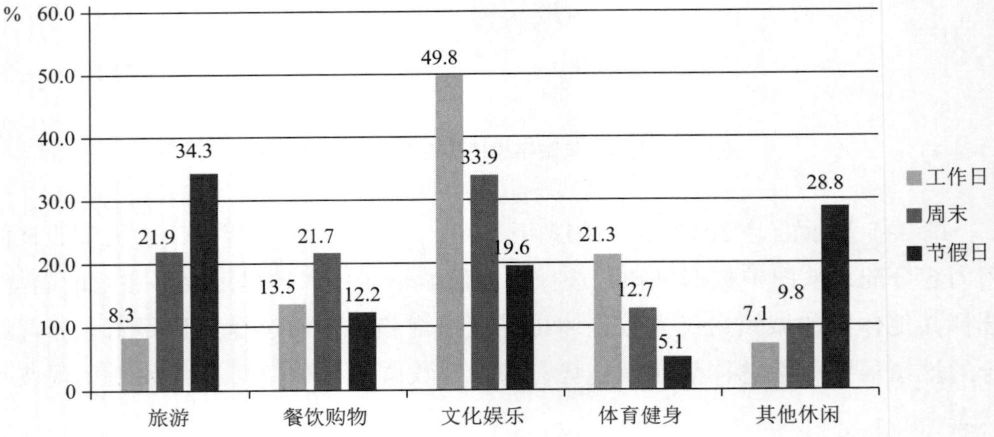

图 3-6　2017 年城镇居民不同时间段的休闲内容分配

（二）农村居民户外休闲活动呈现上涨趋势，旅游所占比重大幅度上升

农村一年的时间可分为农忙时段和农闲时段。在农忙时，农村主要从事农业生产活动，而农业生产活动由于季节性很强，大多数需要农民不违农时，所以农村居民在农忙时的时间安排比较紧张，要全身心投入到农业生产活动中去，用于从事休闲活动的时间和精力较少。加上农民收入水平较低，农村休闲设施相对缺乏，农民在消费观念上又认为休闲活动是“消费”而不是必要的劳动力再生产活动，所以在农忙时的休闲内容选择比较单一。

此次调查的 304 名农村居民农忙时的休闲内容分配情况是：选择居家休闲（主要为家庭形式的休闲，如聊天、串门等）的有 350 人次，约占受访农村居民总人次的 73.4%；选择户外休闲（包括旅游、餐饮购物、文化娱乐、体育健身）的有 127 人次，约占受访农村居民总人次的 26.6%（见图 3–7）。

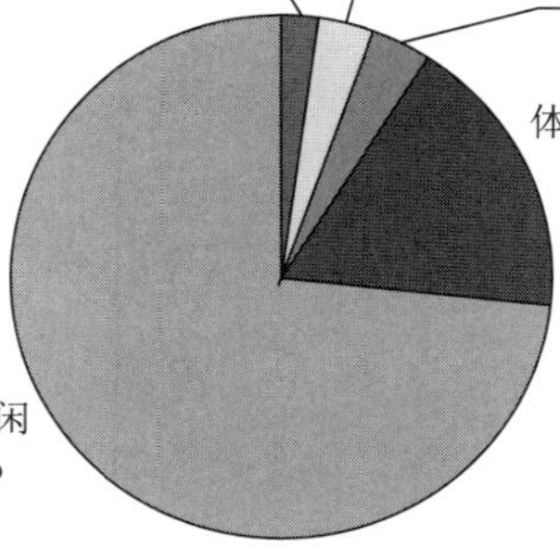

图 3–7　2017 年农村居民农忙时休闲内容分配

由表 3–2 可以看出，自 2012 年到 2017 年农村居民农忙时选择居家休闲的比例呈波动状态。选择户外休闲的比例则总体呈波动上升趋势，其中，选择旅游、餐饮购物的农村居民比重稳步上升，而体育健身始终在户外休闲类别中占比最大，选择文化娱乐的农村居民比例呈现波动状态。

表 3–2　2012—2017 年农村居民农忙时休闲内容分配

单位：%

休闲内容		2012年	2013年	2015年	2017年
户外休闲	旅游	0.6	0.8	0.8	2.3
	文化娱乐	2.3	3.0	2.8	3.6
	体育健身	18.2	12.6	21.0	17.3
	餐饮购物	0.6	1.0	2.9	3.4
	总计	21.7	17.4	27.5	26.6
居家休闲		78.3	82.6	72.5	73.4

在农闲时，农村居民选择居家休闲的有 182 人次，约占受访农村居民总人次的 62.8%；选择户外休闲的有 108 人次，约占受访农村居民总人次的 37.2%（见图 3–8）。

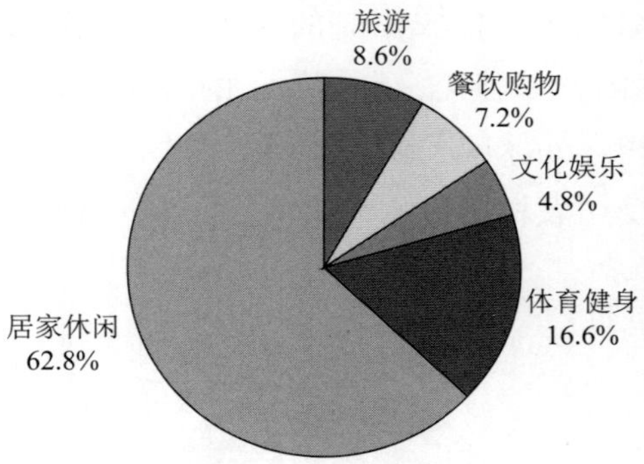

图 3–8　2017 年农村居民农闲时休闲内容分配

从表 3–3 中可以看出，在农闲时农村居民休闲内容始终以居家休闲为主，但户外休闲的比重整体呈上涨趋势。在 2017 年，选择旅游的农村居民比例大幅度上涨，是 2015 年的 4.5 倍，是 2012 年的 9.6 倍；2012~2017 年，选择餐饮购物的农村居民比例波动上涨，而选择文化娱乐以及体育健身的农村居民比例则呈现波动状态。

表 3–3　2012—2017 年农村居民农闲时休闲内容分配

单位：%

休闲内容		2012年	2013年	2015年	2017年
户外休闲	旅游	0.9	2.5	1.9	8.6
	文化娱乐	2.5	4.5	3.8	4.8
	体育健身	18.3	12.2	19.8	16.6
	餐饮购物	4.8	5.4	3.1	7.2
	总计	26.5	24.6	28.6	37.2
居家休闲		73.5	75.4	71.4	62.8

可见，不管是农忙还是农闲，农村居民的休闲内容都较为单一，基本集中在家庭休闲方面，而户外休闲所占比例较小，农村居民从事休闲活动的潜力并未得到充分发挥。但是，比较 2012 年、2013 年、2015 年以及 2017 年四年的数据发现，户外休闲的比重整体呈上升趋势，2017 年农村居民选择旅游户外休闲的比例有大幅提升。

（三）文化娱乐和体育健身是退休人员休闲活动的主要内容

随着我国社会老龄化的加快，退休人员比例增大，成为我国休闲内容特征分析的一个重要群体，因此这里单独列出。图 3-9 是退休人员休闲内容分配情况，此次接受访谈的 919 名退休人员中，选择餐饮购物的人数最少，仅有 61 人次，约占受访退休人员总人次的 3.5%；选择文化娱乐的人数最多，达 853 人次，约占受访退休人员总人次的 48.8%；其次为体育健身，达 520 人次，约占受访退休人员总人次的 29.7%；选择旅游和其他休闲的人数较少，分别为 160 人次、156 人次，分别约占受访退休人员总人次的 9.1% 和 8.9%。

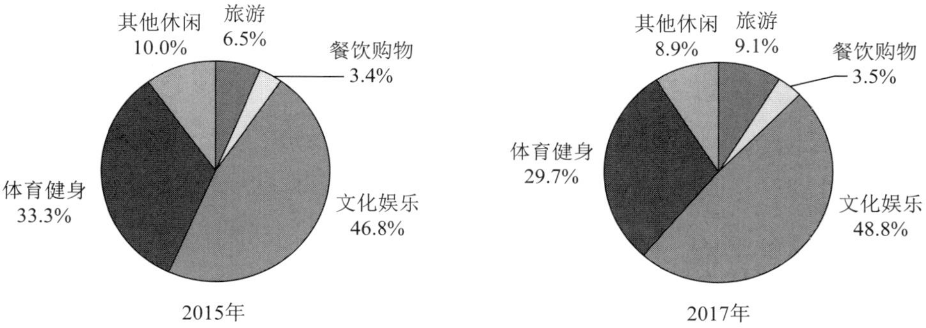

图 3-9 退休人员休闲内容分配

与 2015 年相比，退休人员休闲内容变化较小。餐饮购物、其他休闲均无较大变化，而旅游休闲的比重有所提高，增加了 2.6 个百分点，文化娱乐所占比重仍然较大，体育健身的比重略有下降。整体来看，退休人员的休闲内容分配均是以文化娱乐为主，同时比较注重体育健身。

由上面的分析可知，对于大多数退休居民来说，他们拥有更为充足的时间安排自己的生活，而且有更为强烈的体育健身意识，因此，文化娱乐和体育健身是其平时主要的休闲活动。

二、不同人群休闲内容特征

（一）不同属性城镇居民休闲内容特征

1. 不同性别人群：女性的餐饮购物需求明显高于男性

图 3-10 显示了不同性别城镇居民工作日休闲内容分配情况，可以看出，男

性居民在工作日进行文化娱乐、体育健身和其他休闲的比重明显高于女性；而女性居民进行餐饮购物的比重远远高于男性，进行旅游的女性比重也要超过男性。

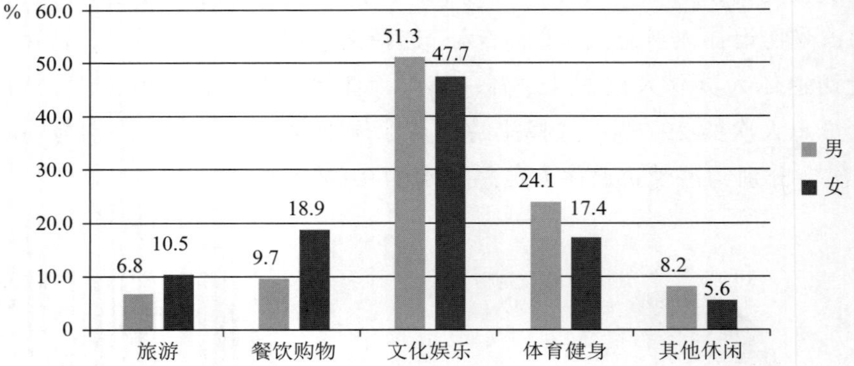

图 3-10　不同性别城镇居民工作日休闲内容分配

图 3-11 显示了不同性别城镇居民周末休闲内容分配情况，可以看出，男性居民在文化娱乐、体育健身以及其他休闲方面选择比重都高于女性，在旅游方面略低于女性；而在餐饮购物方面，女性选择比重远远高于男性。

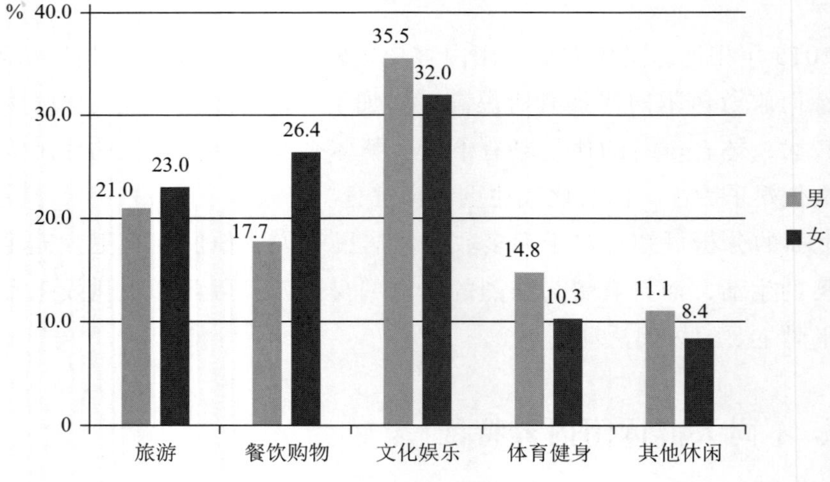

图 3-11　不同性别城镇居民周末休闲内容分配

图 3-12 显示了不同性别城镇居民节假日休闲内容分配情况，可以看出，在时间充足的节假日，男性居民选择文化娱乐、体育健身和其他休闲的比重高于女性，这和工作日的情况基本相同；而女性在餐饮购物方面的选择比重远超男性，选择旅游的比重也高于男性。

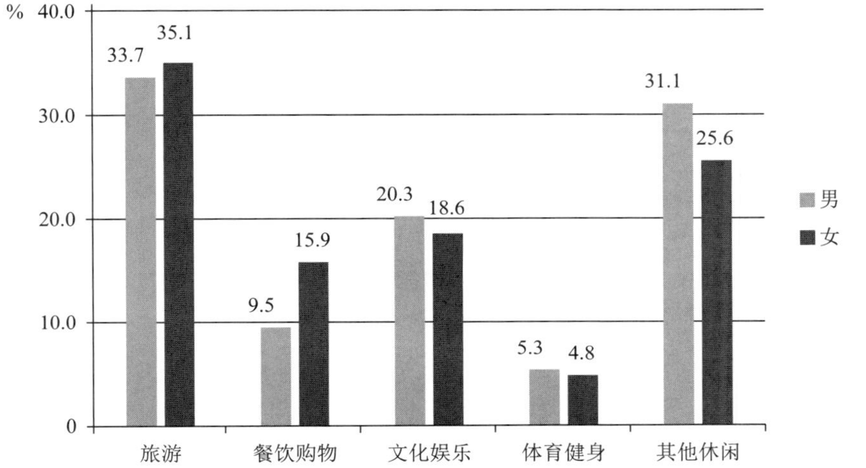

图 3-12　不同性别城镇居民节假日休闲内容分配

由上面的分析可知，不同性别的城镇居民在工作日和周末的休闲内容均以文化娱乐为主。餐饮购物方面，女性的选择比重远大于男性，这种差异的出现反映了男性和女性休闲偏好的不同。另外，随着休闲时间的增加，不同性别选择进行旅游活动的比重均在增加，且女性选择旅游活动的比重高于男性。总体看来，女性与男性对于休闲种类有着不同的选择特性，旅游与餐饮购物为女性首选，而选择文化娱乐、体育健身、其他休闲的城镇居民大体上以男性为主。

2. 不同年龄段人群：随着年龄的增长，选择体育健身和其他休闲的居民比例不断增加

由图 3-13 可知，不同年龄段城镇居民在工作日选择文化娱乐的比重均是最大的。随着年龄的增加，选择体育健身以及其他休闲的人数也随之增加，选择餐饮购物的人数逐渐减少。相比之下，30~44 岁的城镇居民更喜欢选择旅游，15~29 岁的城镇居民更喜欢餐饮购物及文化娱乐。

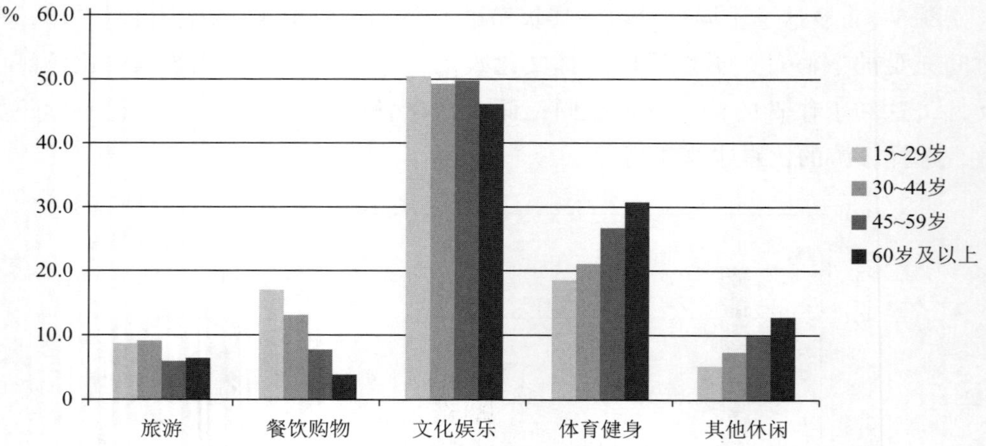

图 3-13　不同年龄段城镇居民工作日休闲内容分配

图 3-14 是不同年龄段城镇居民周末休闲内容分配情况，总体来看，不同年龄段人群对于旅游、餐饮购物以及其他休闲的选择比重相较工作日有所增大。具体来看，青年人选择餐饮购物的比重明显高于其他年龄段群体，选择文化娱乐的比重略高于其他年龄段群体；30~44 岁年龄段的城镇居民选择旅游的比重最大；而老年人选择体育健身和其他休闲的比重最大。

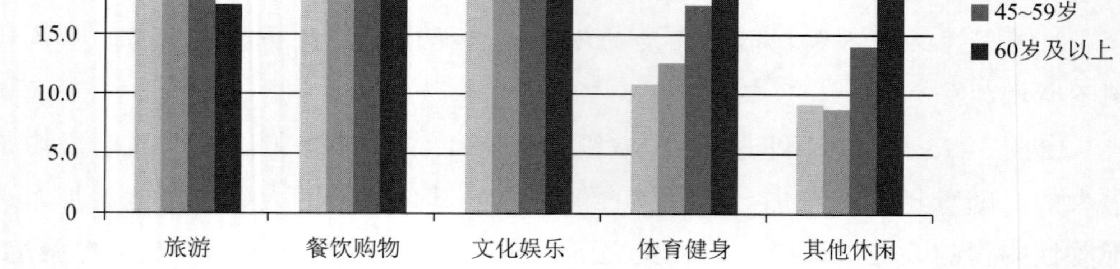

图 3-14　不同年龄段城镇居民周末休闲内容分配

图 3-15 是不同年龄段城镇居民节假日休闲内容分配情况，从总体来看，不同年龄群体节假日休闲活动呈现丰富多彩的态势，选择旅游的比重超过选择文化娱乐的比重。60 岁及以上老年人超过半数在节假日选择其他休闲。

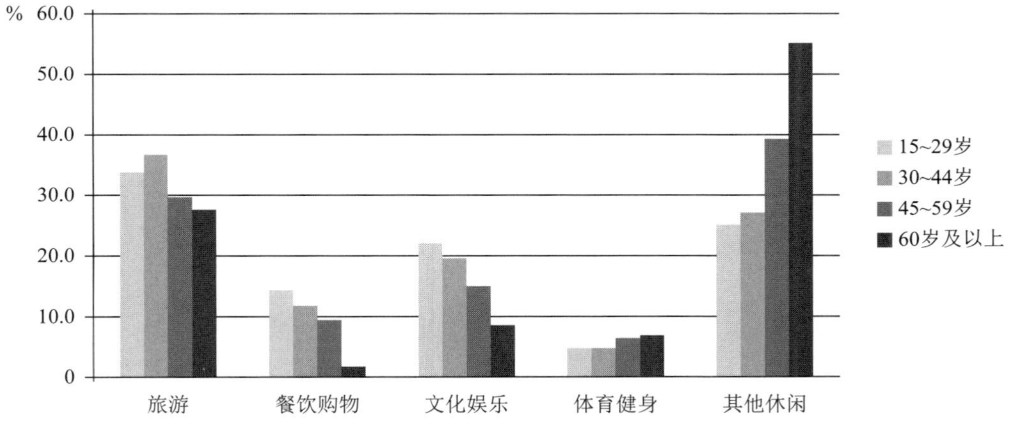

图 3-15 不同年龄段城镇居民节假日休闲内容分配

由以上数据可知，不同年龄段城镇居民工作日和周末均主要以文化娱乐休闲为主。总体来看，选择体育健身以及其他休闲的人群随着年龄的增长，比重不断加大，而选择餐饮购物的比重则逐渐减少。在选择旅游的城镇居民中，主要以 30~44 岁人群为主。

3. 不同学历人群：随着文化程度的提高和休闲时间的增多，选择旅游的城镇居民比例大幅提升

表 3-4 显示了不同学历城镇居民工作日休闲内容分配情况。随着文化程度的提高，在工作日，城镇居民选择旅游、文化娱乐和餐饮购物的比重呈现起伏波动，而选择体育健身的比重基本上呈一定的增加趋势，选择其他休闲的比重则有一定程度的减少。在周末，不同学历城镇居民的休闲内容也表现出了类似的趋势特征（见表 3-5），选择旅游的比重随着居民文化程度的提高有所提升，选择文化娱乐的比重则有所下降，选择餐饮购物、体育健身和其他休闲的比重呈现起伏波动。

表 3–4　不同学历城镇居民工作日休闲内容分配

单位：%

工作日休闲	小学及以下	初中	高中、中专、技校	大专	本科	硕士及以上
旅游	1.1	3.3	9.8	10.9	6.3	6.4
餐饮购物	5.4	4.9	16.0	18.7	10.0	5.3
文化娱乐	51.6	60.9	45.9	45.6	53.8	53.1
体育健身	10.7	23.0	20.1	18.8	23.5	29.4
其他休闲	31.2	7.9	8.2	6.0	6.4	5.8

表 3–5　不同学历城镇居民周末休闲内容分配

单位：%

周末休闲	小学及以下	初中	高中、中专、技校	大专	本科	硕士及以上
旅游	8.1	12.3	17.7	21.9	25.7	24.8
餐饮购物	10.8	16.5	22.7	24.2	19.0	18.6
文化娱乐	46.0	37.7	36.3	34.0	32.0	31.4
体育健身	13.5	14.1	12.9	12.3	12.7	14.0
其他休闲	21.6	19.4	10.4	7.6	10.6	11.2

表 3–6 是不同学历城镇居民节假日休闲内容分配情况。在休闲时间最为充裕的节假日，不同学历城镇居民进行的休闲活动内容差异性要大于工作日和周末。从总体来看，不同学历城镇居民选择旅游的比重随文化程度的提高大幅增加，选择体育健身的比重呈现波动上升的态势；而对于其他几类休闲内容的选择不太受文化程度高低的影响，比如大专学历的居民选择餐饮购物、文化娱乐的比重最高，小学及以下学历的居民选择其他休闲的比重最高。

表 3-6 不同学历城镇居民节假日休闲内容分配

单位：%

节假日休闲	小学及以下	初中	高中、中专、技校	大专	本科	硕士及以上
旅游	7.0	23.5	25.7	35.6	39.7	43.0
餐饮购物	5.6	6.5	15.1	16.7	7.5	4.5
文化娱乐	11.3	19.8	20.0	22.9	16.3	14.7
体育健身	2.8	3.7	4.4	5.9	4.8	5.7
其他休闲	73.3	46.5	34.7	18.9	31.7	32.1

由上可知，在工作日和周末，随着文化程度的提高，城镇居民选择体育健身的比重呈现增加趋势，而选择文化娱乐的比重呈现减少趋势。在节假日，随着文化程度的提高，城镇居民选择旅游的比重大幅提升，而选择其他休闲的比重大幅降低。总体看来，随着休闲时间的增多，选择旅游的城镇居民比例随着文化程度的提高而大幅提升，旅游成为城镇居民休闲的首选。

4. 不同收入水平人群：随着收入水平的提高，选择餐饮购物的居民比例呈现上涨态势

随着我国经济社会的不断发展，休闲活动在人们生活中的消费比重越来越大，不同种类的休闲活动所需要支付的费用也各不相同，所以收入水平的差别影响着人们的休闲选择，不同收入水平的人群会有不同的休闲活动需求。由表 3-7 可知，选择文化娱乐和其他休闲活动的比重基本随收入的增加逐步减少，选择旅游、餐饮购物的比重基本随收入的增加而不断增加。这是因为从事其他休闲花费较少，因此低收入居民选择的比重较大；餐饮购物和旅游则会产生较多的成本，因此更受高收入居民的青睐。在周末，不同收入水平城镇居民的休闲选择也表现出类似的趋势特征（见表 3-8）。

表 3-7 不同收入水平城镇居民工作日休闲内容分配

单位：%

工作日休闲	1000元以下	1001~2000元	2001~3000元	3001~4000元	4001~5000元	5001~7000元	7001~10 000元	10 001元以上
旅游	4.2	6.4	6.2	6.7	6.3	10.7	13.7	10.0

续表

工作日休闲	1000元以下	1001~2000元	2001~3000元	3001~4000元	4001~5000元	5001~7000元	7001~10 000元	10 001元以上
餐饮购物	5.2	9.9	11.2	13.8	15.1	15.8	19.0	14.8
文化娱乐	52.1	51.8	54.4	52.5	48.4	48.0	39.9	47.8
体育健身	27.1	22.0	19.7	20.3	22.1	20.2	19.9	21.7
其他休闲	11.5	9.9	8.6	6.7	8.1	5.4	7.6	5.7

表 3-8　不同收入水平城镇居民周末休闲内容分配

单位：%

周末休闲	1000元以下	1001~2000元	2001~3000元	3001~4000元	4001~5000元	5001~7000元	7001~10 000元	10 001元以上
旅游	6.3	19.9	16.2	23.4	23.2	24.4	21.9	23.6
餐饮购物	18.8	11.1	19.7	18.5	24.2	24.2	25.7	21.8
文化娱乐	43.8	39.8	39.4	35.5	28.0	31.0	33.3	33.3
体育健身	16.7	14.9	13.0	13.0	13.7	10.8	11.2	13.2
其他休闲	14.6	14.4	11.6	9.6	10.9	9.6	7.9	8.1

表 3-9 显示了不同收入水平城镇居民节假日休闲内容分配情况。在节假日，不同收入水平城镇居民对于休闲内容的选择差异性比工作日和周末更明显。具体来说，月收入在 5001~7000 元的居民选择旅游以及文化娱乐的比重最高，而月收入在 1000 元以下的居民进行体育健身和其他休闲的比重最高。

表 3-9　不同收入水平城镇居民节假日休闲内容分配

单位：%

节假日休闲	1000元以下	1001~2000元	2001~3000元	3001~4000元	4001~5000元	5001~7000元	7001~10 000元	10 001元以上
旅游	22.9	26.8	29.4	31.8	33.1	41.4	36.9	39.2
餐饮购物	5.7	10.6	8.9	12.8	12.1	12.0	18.7	14.1
文化娱乐	12.9	18.7	20.2	19.4	19.6	23.7	19.9	19.6
体育健身	7.1	3.8	6.0	5.2	5.7	3.0	6.1	5.9
其他休闲	51.4	40.0	35.4	30.8	29.6	19.9	18.5	21.3

由上述分析可知，不同收入水平的城镇居民在选择休闲内容上存在差异。总体来看，中间收入群体是各类休闲活动的主体。收入水平对低收入城镇居民休闲内容的选择影响相对较大，而对于高收入群体，休闲时间的长短相对更能影响他们对于休闲内容的选择。随着收入水平的提高，选择餐饮购物的居民比例大体上呈现上涨态势，在节假日选择旅游的居民比例大幅提升。

5. 不同家庭规模人群：随着家庭规模扩大，选择餐饮购物、体育健身的人数呈现波动上升态势，拥有3人及以上家庭成员的城镇居民选择旅游的比重相对较大

表3-10反映了不同家庭规模的城镇居民工作日休闲内容分配情况。相比之下，1人家庭更容易选择体育健身和其他休闲，3人家庭多会进行旅游、餐饮购物和其他休闲，5人及以上家庭偏好选择文化娱乐。

表3-10 不同家庭规模城镇居民工作日休闲内容分配

单位：%

工作日休闲	1人	2人	3人	4人	5人及以上
旅游	6.9	8.6	9.0	7.9	8.0
餐饮购物	11.7	15.4	15.6	12.3	10.6
文化娱乐	50.2	47.5	48.1	51.4	52.5
体育健身	23.6	21.7	19.7	22.1	22.3
其他休闲	7.6	6.8	7.6	6.2	6.6

表3-11反映了不同家庭规模的城镇居民周末休闲内容分配情况。1人家庭更容易选择文化娱乐以及其他休闲，2人家庭更偏好选择体育健身和餐饮购物，5人及以上家庭多选择外出旅游。而在节假日，1人家庭选择其他休闲的比重大幅度增加，2人家庭多进行餐饮购物，3人家庭偏好选择文化娱乐和体育健身，4人家庭更易选择外出旅游（见表3-12）。

表 3-11　不同家庭规模城镇居民周末休闲内容分配

单位：%

周末休闲	1人	2人	3人	4人	5人及以上
旅游	23.2	17.9	22.4	22.2	23.3
餐饮购物	18.2	24.5	21.4	20.6	22.1
文化娱乐	35.5	34.2	34.3	34.8	31.2
体育健身	10.8	13.3	12.9	12.7	12.9
其他休闲	12.3	10.1	9.0	9.7	10.5

表 3-12　不同家庭规模城镇居民节假日休闲内容分配

单位：%

节假日休闲	1人	2人	3人	4人	5人及以上
旅游	30.7	33.9	35.0	37.3	33.4
餐饮购物	6.9	16.2	13.5	12.0	9.1
文化娱乐	16.1	16.1	22.0	21.2	19.2
体育健身	4.4	5.1	5.9	3.8	4.8
其他休闲	41.9	28.7	23.6	25.6	33.5

由上述分析可知，一般家庭成员在 3 人以下的城镇居民，多会选择除了旅游之外的其他几类休闲活动，而 3 人及以上家庭选择旅游的概率更高一些。这说明，家庭规模的大小对居民休闲方式的选择具有一定的影响，随着家庭成员数量的增加，旅游成为家庭成员交流和增进感情的重要方式。

6. 不同婚姻状况人群：与其他婚姻状况城镇居民相比，未婚城镇居民更易选择餐饮购物活动，已婚城镇居民更喜欢进行旅游

表 3-13 反映了不同婚姻状况的城镇居民工作日休闲内容分配情况。未婚城镇居民选择餐饮购物的比重相对较高，离异城镇居民选择旅游和其他休闲的比重相对较高，而丧偶城镇居民选择体育健身、文化娱乐的比重相对较高。在周末，不同婚姻状况的城镇居民休闲内容的选择也表现出类似的趋势特征，已婚城镇居民多选择旅游，离异城镇居民多选择餐饮购物和其他休闲，丧偶城镇居民则多选择文化娱乐和体育健身（见表 3-14）。

表 3-13　不同婚姻状况城镇居民工作日休闲内容分配

单位：%

工作日休闲	未婚	已婚	离异	丧偶
旅游	7.9	8.5	12.0	5.3
餐饮购物	15.9	12.7	12.0	0.0
文化娱乐	51.0	49.2	46.0	52.6
体育健身	19.6	22.0	18.0	31.6
其他休闲	5.6	7.6	12.0	10.5

表 3-14　不同婚姻状况城镇居民周末休闲内容分配

单位：%

周末休闲	未婚	已婚	离异	丧偶
旅游	18.6	23.4	16.1	9.1
餐饮购物	24.0	20.5	25.8	9.1
文化娱乐	36.9	32.5	42.0	54.5
体育健身	11.4	13.4	3.2	18.2
其他休闲	9.1	10.2	12.9	9.1

表 3-15 反映了不同婚姻状况的城镇居民节假日休闲内容分配情况。未婚城镇居民选择餐饮购物和文化娱乐的比重相对较高，已婚城镇居民选择旅游的比重相对较高，丧偶城镇居民选择体育健身和其他休闲的比重相对较高。

表 3-15　不同婚姻状况城镇居民节假日休闲内容分配

单位：%

节假日休闲	未婚	已婚	离异	丧偶
旅游	32.8	35.3	25.8	12.5
餐饮购物	13.8	11.7	11.4	12.5
文化娱乐	21.6	18.9	11.4	0.0
体育健身	3.8	5.5	11.4	12.5
其他休闲	28.0	28.6	40.0	62.5

由上述分析可知，不管是工作日、周末还是节假日，未婚城镇居民选择餐饮购物的比重都相对较高，而已婚居民选择旅游的比重较高。这说明，不同婚姻状况居民对不同的休闲活动有着不同程度的需求，未婚城镇居民和已婚居民的特征更为明显。

综上所述，性别、年龄、学历、收入、家庭规模和婚姻状况等因素对城镇居民休闲内容选择都有一定的影响，其中，性别、年龄、学历和收入对居民休闲活动的选择影响相对较大。具体表现为：一是女性的餐饮购物需求明显高于男性；二是随着年龄的增长，选择体育健身和其他休闲的居民比例不断增加；三是随着文化程度的提高和休闲时间的增多，选择旅游的城镇居民比例大幅提升；四是随着收入水平的提高，选择餐饮购物的居民比例呈现上涨态势；五是随着家庭规模扩大，选择餐饮购物、体育健身的人数呈现波动上升态势，拥有 3 人及以上家庭成员的城镇居民选择旅游的比重相对较大；六是与其他婚姻状况城镇居民相比，未婚城镇居民更易选择餐饮购物活动，已婚城镇居民更喜欢进行旅游。

（二）不同属性农村居民休闲内容特征

农村居民选择的休闲活动中，居家休闲占绝大部分，在农忙季节其比例甚至已经达到了 73.4% 以上，而在这些家庭活动中选择看电视、上网、玩游戏、打牌等文化娱乐活动的最多，其他休闲方式在我们的调研过程中仅零星出现，所占比重很小。

1. 不同性别人群：女性居民偏好餐饮购物，男性居民倾向于居家休闲

由图 3–16、图 3–17 可知，在农忙时，男性和女性农村居民在选择餐饮购物、体育健身、居家休闲方面存在明显差异。男性居民选择居家休闲比重略高于女性，而选择餐饮购物、体育健身的女性明显超过男性。在农闲时，不同性别农村居民在选择旅游、餐饮购物、文化娱乐和居家休闲方面出现较明显的差异。女性居民选择餐饮购物和文化娱乐的比重高于男性，而男性选择旅游、居家休闲的比重高于女性。体育健身方面男女差异较小。总体看来，选择餐饮购物的主要以女性为主，选择居家休闲的主要以男性为主。

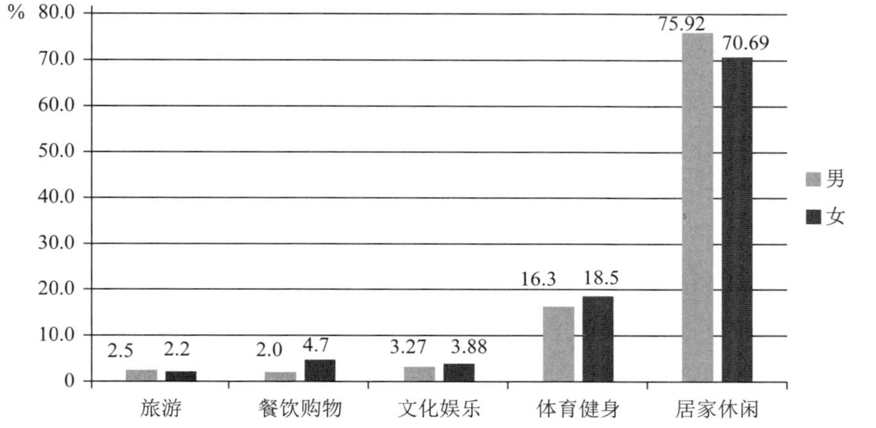

图 3-16 不同性别农村居民农忙时休闲内容分配

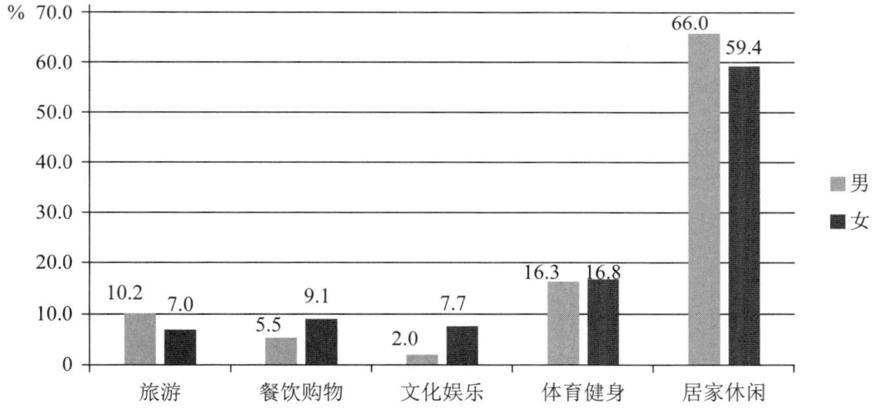

图 3-17 不同性别农村居民农闲时休闲内容分配

2. 不同年龄段人群：随着年龄的增长，农村居民选择体育健身的比重总体呈现上涨趋势

由图 3-18、图 3-19 可知，在农忙时，15~29 岁农村居民选择餐饮购物和文化娱乐的比重高于其他年龄段群体，60 岁及以上老年人选择体育健身的比重相对较大，而 30~44 岁的中年人选择旅游和居家休闲的比重相对较大。在农闲时，15~29 岁农村居民选择文化娱乐、餐饮购物的比重较大，60 岁及以上居民选择体育健身、居家休闲的比重较大。随着年龄的增长，农村居民选择体育健身的比重呈现上涨趋势。

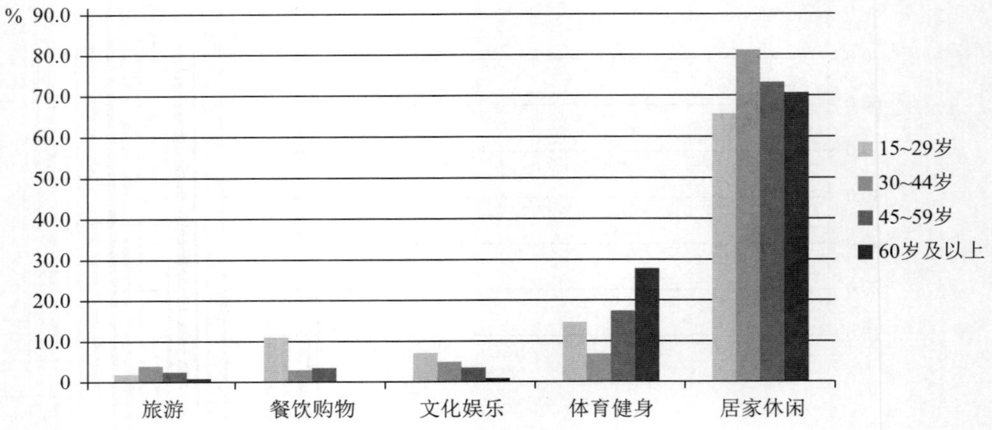

图 3-18　不同年龄段农村居民农忙时休闲内容分配

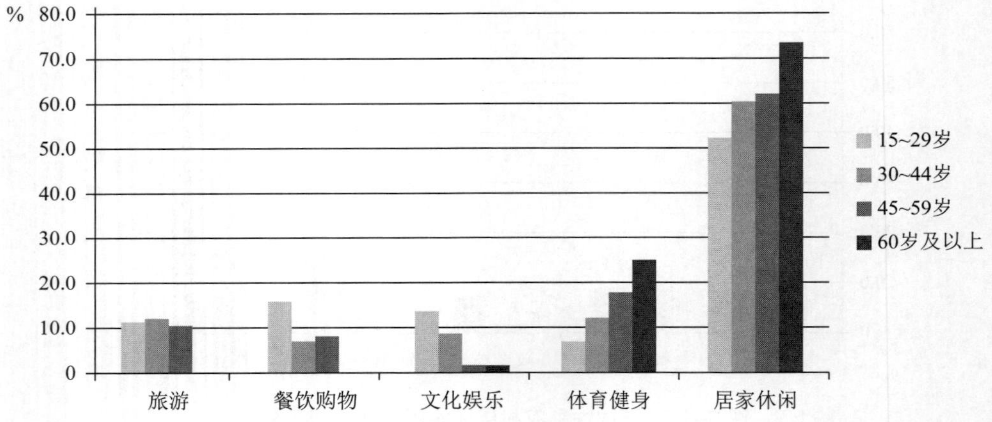

图 3-19　不同年龄段农村居民农闲时休闲内容分配

3. 不同收入水平人群：随着农村居民收入水平的提高，农闲时选择旅游的居民比重增加

在农忙时，农村居民收入水平对休闲内容的选择影响很小，对农闲时的休闲内容选择影响较大。表 3-16 显示了不同收入水平农村居民农闲时休闲内容分配情况。年收入 5000 元以下的农村居民选择体育健身、居家休闲的比重较高，年收入 5001~10 000 元的农村居民选择餐饮购物、文化娱乐的比重较高，而年收入 30 001 元以上的农村居民选择旅游的比重最高。由此分析可知，不

同收入水平农村居民休闲内容差异较为明显，选择旅游休闲的比重随着农村居民收入水平的提高而增加，这与农村居民的休闲特性和休闲内容的消费差异相关。

表 3-16 不同收入水平农村居民农闲时休闲内容分配

单位：%

农闲时休闲	5000元以下	5001~10 000元	10 001~15 000元	15 001~30 000元	30 001元以上
旅游	3.8	11.5	12.5	12.5	21.1
餐饮购物	4.8	13.1	6.2	8.3	10.5
文化娱乐	2.9	11.5	0.0	0.0	2.6
体育健身	17.1	16.4	12.5	12.5	15.8
居家休闲	71.4	47.5	68.8	66.7	50.0

4. 不同家庭规模人群：农闲时，家庭成员较多的居民易选择旅游活动

在农忙时，农村居民家庭规模对其休闲活动选择的影响微乎其微，因此，这里重点分析农闲时家庭规模对农村居民休闲内容的影响。表 3-17 反映了不同家庭规模农村居民农闲时的休闲内容分配情况。相比之下，3 人及 4 人家庭更愿意进行旅游休闲，1 人家庭更易选择餐饮购物，2 人家庭更愿进行体育健身，4 人家庭则更多选择文化娱乐，5 人及以上家庭更多选择居家休闲。不同家庭规模的人群中，相对来说，成员较多家庭更愿意选择旅游休闲活动，人数较少家庭更倾向于将餐饮购物和体育健身作为休闲活动。

表 3-17 不同家庭规模农村居民农闲时休闲内容分配

单位：%

农闲时休闲	1人	2人	3人	4人	5人及以上
旅游	6.7	4.6	11.8	11.8	6.7
餐饮购物	20.0	2.3	14.1	14.6	0.0
文化娱乐	6.7	0.0	5.9	14.7	2.9
体育健身	13.3	25.0	11.8	11.8	20.0
居家休闲	53.3	68.2	56.5	47.1	70.5

5. 不同婚姻状况人群：与其他婚姻状况相比，离异居民更倾向于选择餐饮购物，已婚居民选择居家休闲的比重相对较高

表 3–18 显示了不同婚姻状况农村居民休闲内容分配情况。在农忙时，已婚居民选择居家休闲的比重相对较高，离异居民选择餐饮购物的比重相对较高，丧偶居民选择体育健身的比重较高，而未婚居民选择文化娱乐和旅游的比重相对较高；在农闲时，离异居民选择餐饮购物和体育健身的比重相对较高，未婚居民选择文化娱乐的比重相对较高，已婚居民选择旅游和居家休闲的比重较高，丧偶居民选择体育健身的比重较高。总体来看，未婚居民倾向于选择文化娱乐，离异居民偏好于餐饮购物，已婚居民选择居家休闲的比重相对较高。

表 3–18　不同婚姻状况农村居民休闲内容分配

单位：%

婚姻状况	农忙				农闲			
	未婚	已婚	离异	丧偶	未婚	已婚	离异	丧偶
旅游	2.9	2.2	0.0	0.0	7.7	9.1	0.0	0.0
餐饮购物	8.6	2.7	18.2	0.0	23.1	4.7	60.0	0.0
文化娱乐	8.6	3.4	0.0	0.0	23.1	2.4	20.0	20.0
体育健身	11.4	17.6	18.2	33.3	7.7	17.5	20.0	20.0
居家休闲	68.5	74.1	63.6	66.7	38.4	66.3	0.0	60.0

对于农村不同群体休闲内容特征的分析，主要也是从性别、年龄、收入、家庭规模和婚姻状况等方面展开调查。根据前文的分析可知，不同群体特征农村居民休闲内容具体表现为：一是女性居民偏好餐饮购物，男性居民倾向于居家休闲；二是随着年龄的增长，农村居民选择体育健身的比重总体呈现上涨趋势；三是随着农村居民收入水平的提高，农闲时选择旅游的居民比重增加；四是农闲时，家庭成员较多的居民易选择旅游活动；五是与其他婚姻状况相比，离异居民更倾向于选择餐饮购物，已婚居民选择居家休闲的比重相对较高。

（三）不同属性退休居民休闲内容特征

随着退休群体规模的增加，退休居民越来越成为社会发展的一个重要群体，在诸多方面扮演着重要角色，因此，关于中国居民休闲内容特征的分析离不开对退休群体的关注。

1. 不同性别人群：女性比男性更易选择餐饮购物

由图 3-20 可知，总体上，文化娱乐和体育健身是不同性别退休居民休闲内容的主要方面。对于其余三类休闲活动来说，男性退休居民与女性退休居民在餐饮购物方面的差异相对较大，其中，退休女性选择餐饮购物的比重为 4.8%，而男性只有 2.0%，说明女性退休居民比男性退休居民更易选择餐饮购物。

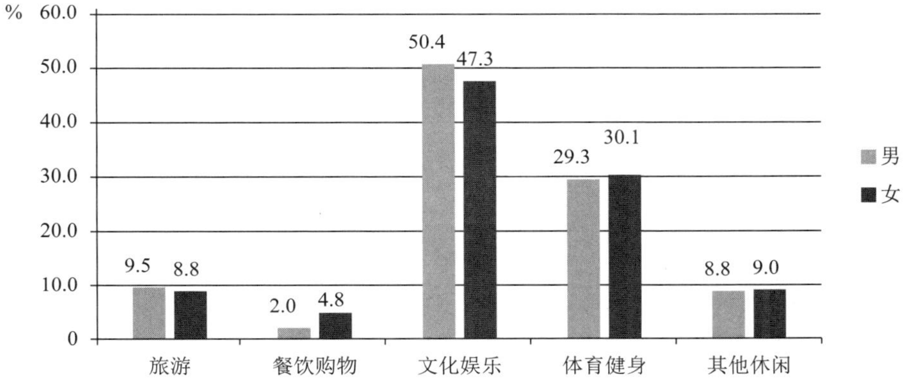

图 3-20　不同性别退休居民休闲内容分配

2. 不同学历人群：学历高的退休居民更易选择旅游

由表 3-19 可知，退休居民选择旅游的比重随文化程度的提高有所增加，而体育健身和其他休闲的比重随文化程度的提高有所减少。相比之下，小学及以下学历退休居民选择文化娱乐比重较大，而硕士及以上更多选择旅游。可以看出，随着退休居民学历的提高，对旅游的需求呈上升趋势。

表 3-19　不同学历退休居民休闲内容分配

单位：%

退休居民休闲	小学及以下	初中	高中、中专、技校	大专	本科	硕士及以上
旅游	2.0	9.1	12.1	8.1	9.1	27.6
餐饮购物	2.0	5.2	3.9	2.4	3.1	0.0
文化娱乐	52.6	46.0	45.5	52.2	50.0	48.3
体育健身	30.8	30.8	30.2	29.2	28.9	20.7
其他休闲	12.6	8.9	8.3	8.1	8.9	3.4

3. 不同收入水平人群：退休居民选择旅游休闲和餐饮购物的比重随收入的增加而增大

由表 3-20 可知，退休居民选择旅游和餐饮购物的比重基本随收入的增加而增大，而选择文化娱乐和其他休闲的比重基本随收入的增加而降低。退休居民收入高低对居民选择体育健身的比重影响不大，呈现较为稳定的状态。

表 3-20　不同收入水平退休居民休闲内容分配

单位：%

退休居民休闲	1000元以下	1001~2000元	2001~3000元	3001~4000元	4001~5000元	5001~7000元	7001~10 000元	10 001元以上
旅游	5.5	6.6	8.6	10.2	7.6	10.8	14.6	16.3
餐饮购物	1.4	4.1	2.7	2.5	5.2	5.1	5.6	2.5
文化娱乐	54.1	45.2	49.0	47.8	50.2	45.2	49.4	48.7
体育健身	27.4	37.0	33.1	27.3	28.0	29.3	22.5	27.5
其他休闲	11.6	7.1	6.6	12.2	9.0	9.6	7.9	5.0

4. 不同家庭规模人群：不同家庭规模人群休闲内容选择分布较为均衡

由表 3-21 可知，1 人家庭的退休居民多选择文化娱乐和其他休闲，2 人家庭的退休居民更易选择体育健身，3 人家庭的退休居民更易选择旅游，4 人家庭的退休居民更偏好选择餐饮购物。不同家庭规模人群休闲内容选择分布较为均衡。

表 3-21　不同家庭规模退休居民休闲内容分配

单位：%

退休居民休闲	1人	2人	3人	4人	5人及以上
旅游	7.0	9.7	10.0	9.8	8.1
餐饮购物	2.0	2.4	5.5	6.3	3.8
文化娱乐	51.0	48.0	47.0	50.3	50.5
体育健身	28.5	31.1	29.0	28.0	29.5
其他休闲	11.5	8.8	8.5	5.6	8.1

5. 不同婚姻状况人群：离异退休居民更容易选择旅游休闲，未婚退休居民更偏好选择文化娱乐

由表 3-22 可知，未婚退休居民选择餐饮购物、文化娱乐和其他休闲的比重相对较高，离异退休居民选择体育健身和旅游的比重相对较高。

表 3-22　不同婚姻状况退休居民休闲内容分配

单位：%

退休居民休闲	未婚	已婚	离异	丧偶
旅游	7.2	9.5	11.6	6.2
餐饮购物	6.1	3.6	2.3	1.9
文化娱乐	59.2	48.4	44.2	47.5
体育健身	16.3	29.6	37.2	36.4
其他休闲	11.2	8.9	4.7	8.0

由上述分析可知，不同属性退休居民休闲活动选择具有以下几点特征：一是女性比男性更易选择餐饮购物；二是学历高的退休居民更易选择旅游休闲；三是退休居民选择旅游休闲和餐饮购物的比重随收入的增加而增大；四是不同家庭规模人群休闲内容选择分布较为均衡；五是离异退休居民更容易选择旅游休闲，未婚退休居民更偏好选择文化娱乐。但总体上，退休居民一般拥有相对充足的时间和金钱，他们可以根据自己的喜好选择多样的休闲活动，所以以上几大因素对他们休闲内容的选择影响不大。

三、小结与展望

（一）中国居民休闲活动选择受休闲时间影响较大，总体旅游休闲意识不断增强

中国居民休闲活动选择受休闲时间影响较大。一方面，对于城镇居民来说，随着其休闲时间的增多，其休闲选择也发生了相应的变化。从 2017 年数据看来，文化娱乐所占比重随着休闲时间的增多而减少，工作日的选择比例为 49.8%，周末为 33.9%，节假日为 19.6%。而旅游所占比重恰好相反，2017 年工作日、周末、节假日的选择比例分别为 8.3%、21.9%、34.3%。随着休闲时

间的增多，选择旅游的居民比重不断增加，在休闲时间充裕的节假日，外出旅游成为城镇居民的首选休闲内容。

另一方面，对于农村居民，农忙与农闲两个时间段的对比较为明显。根据2017年的数据，农忙时农村居民选择户外休闲总占比为26.6%，农闲时达到了37.2%，增长了10.6个百分点，比2015年农闲时的户外休闲占比增加了8.6个百分点。可以看出，农村居民选择户外休闲的比重随着休闲时间的增多不断增加。但由于农村居民受休闲观念、休闲时间、农村休闲娱乐设施不足等因素的影响，其休闲活动仍以居家休闲为主，其他休闲活动占比较小，整体发展速度较为缓慢。需要对国民休闲意识进行进一步引导，加强农村居民休闲娱乐设施建设，调整城乡居民休闲结构，打破城乡二元体制。

2016年12月，国务院印发《"十三五"旅游业发展规划》，指出要进一步完善旅游公共服务体系，落实职工带薪休假制度，并将其纳入各地政府议事日程，制定带薪休假制度实施细则或实施计划。要求各单位根据自身实际情况，安排错峰休假。带薪休假制度的不断落实，能够进一步调整国民休闲时间，居民可以更加合理安排假期休闲活动。休闲时间的规范化可促使居民休闲种类的增加，稳定的休闲时间也促使旅游和户外休闲需求增多，对城乡居民休闲结构的调整和稳定发展具有积极的促进作用。此外，《国民休闲纲要》的发布，意味着休闲开始进入国家范畴，成为广大城乡居民的一种权利，我国休闲发展进入新阶段，国民休闲体系正逐步形成。广大城乡居民变被动休闲为主动休闲、变消极休闲为积极休闲的意愿将不断增强，积极休闲将成为广大城乡居民日常生活的重要组成部分。

（二）不同属性人群休闲活动选择呈现出明显差异

不论是城镇居民、农村居民还是退休居民，他们的休闲活动选择或多或少受到休闲时间长短、性别、年龄、学历、收入、家庭等因素的影响，呈现出较为明显的差异。具体表现为：

对于城镇居民，旅游和文化娱乐为主要选择方向。女性的餐饮购物需求明显高于男性；随着年龄的增长，选择体育健身和其他休闲的居民比例不断增加；选择旅游的城镇居民比例随着文化程度的提高而增加；随着收入水平的提高，选择餐饮购物的居民比例呈现上涨态势；拥有3人及以上家庭成员的城镇居民选择旅游的比重相对较大；与其他婚姻状况城镇居民相比，未婚城镇居民更易选择餐饮购物活动，已婚城镇居民更喜欢进行旅游。

对于农村居民，居家休闲是主要的休闲活动。具体而言，男性居民倾向于居家休闲；农村居民选择体育健身的比重随着年龄的增长总体呈现上涨趋势；随着农村居民收入水平的提高，农闲时选择旅游的居民比重增加；在农闲时，家庭成员较多的居民更易选择旅游休闲活动；离异居民更倾向于选择餐饮购物，已婚居民选择居家休闲的比重相对较高。

对于退休居民，女性比男性更易选择餐饮购物；学历高、收入高以及离异的退休居民更易选择旅游；未婚退休居民更偏好选择文化娱乐。

总体上，城乡居民休闲内容的选择受休闲时间的影响较大，且学历高低和收入水平差异决定了部分居民休闲内容的不同。随着国民休闲发展的不断推进和带薪休假制度的落实，居民的休闲选择将更加多样化，休闲结构将更加合理化。

第四章
中国居民休闲空间特征研究

居民休闲空间是指居民在特定的时间段进行休闲的空间，本章从城镇居民休闲空间、农村居民休闲空间和退休居民休闲空间三个方面对中国居民休闲空间的特征进行研究。对于休闲空间的研究不仅有利于了解居民的休闲空间需求，更重要的是将为政府布局休闲产业和企业、打造休闲主体提供重要参考。

一、城镇居民休闲空间研究

城镇居民作为消费型休闲发展的主体，其休闲空间特征对休闲产业的发展具有很强的指导意义。本研究将对不同群体城镇居民在工作日、周末以及节假日三个状态下的休闲活动空间范围进行研究。

（一）城镇居民工作日休闲空间研究

居民工作日休闲活动空间除了受经济水平、活动内容的影响外，更主要的是受到时间限制。工作日作为居民休闲时间最短的时期，其休闲活动空间也会受到相应的影响。另外，由于不同群体在工作日内的休闲时间、工作强度差异较大，其休闲空间也将有较大差异。基于此，本研究将对不同群体城镇居民的工作日休闲空间进行对比分析。

1. 城镇居民工作日休闲半径总体较小，不同半径的休闲人次比重呈距离衰减特征

从调查结果来看，2017 年城镇居民工作日的休闲半径以自己家和 1 公里范围内为主，两者所占比例的总和占被访群体的 62.3%，而城镇居民休闲半径 6~10 公里范围是休闲人数相对最少的空间，共占被访群体的 4% 左右，而 10 公里以上的游客相对较多，这与工作日的工作时间灵活度增加及居民的工作休闲意识增强有关。总体来看，城镇居民的休闲空间呈现出显著的距离衰减规律，排除 10 公里以上范围，其他休闲半径所占比例大致呈半径越长、比例越小的态势，这也反映出大多数人在工作日里喜欢在离家相对较近的地方进行休闲。与 2012 年相比，城镇居民工作日的休闲活动还是主要集中在家庭和周边地区，远距离的休闲活动虽相对较少，但呈增长趋势，尤其是 2~5 公里空间范围所占的

比重从 2012 年的 11% 增长到 2017 年的 23.3%。这说明，总体上城镇居民工作日休闲空间有从近距离向远距离扩展的趋势，城镇居民更愿意离开家去更远的地方进行休闲活动（见图 4-1、表 4-1）。

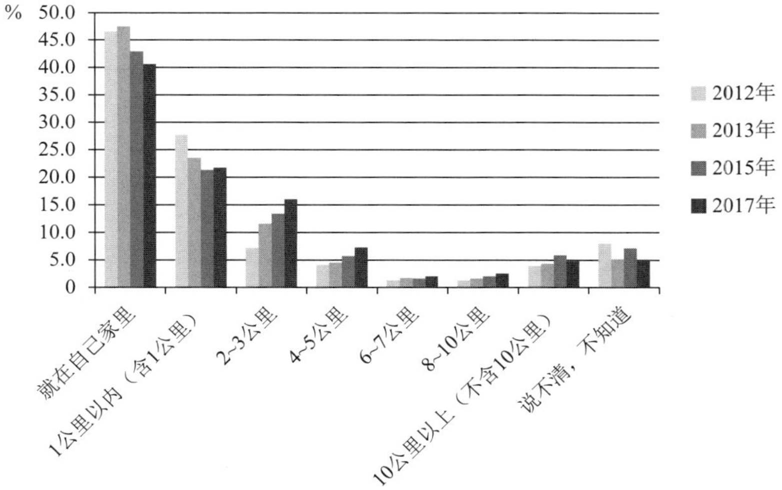

图 4-1　2012—2017 年城镇居民工作日休闲空间结构

表 4-1　2012—2017 年城镇居民工作日休闲空间比较

单位：%

休闲空间	2017年	2015年	2013年	2012年
就在自己家里	40.6	43	48	47
1公里以内（含1公里）	21.7	21	24	28
2~3公里	16.0	13	12	7
4~5公里	7.3	6	5	4
6~7公里	2.0	2	2	1
8~10公里	2.5	2	2	1
10公里以上（不含10公里）	4.8	6	4	4
说不清，不知道	5.1	7	3	8

2. 男性居民工作日的休闲半径相对更大

从不同性别居民在工作日的休闲半径来看，随着休闲半径的增长，居民数量呈现出先减后升的“U”形趋势。而从具体数据来看，男性居民和女性居民在工作日的休闲半径均相对较短，其中居家休闲所占比例相对最多，分别占总量的 24% 和 16.6%，而在 6~7 公里人数最少，分别占总量的 1.1% 和 0.8%（见图 4–2）。

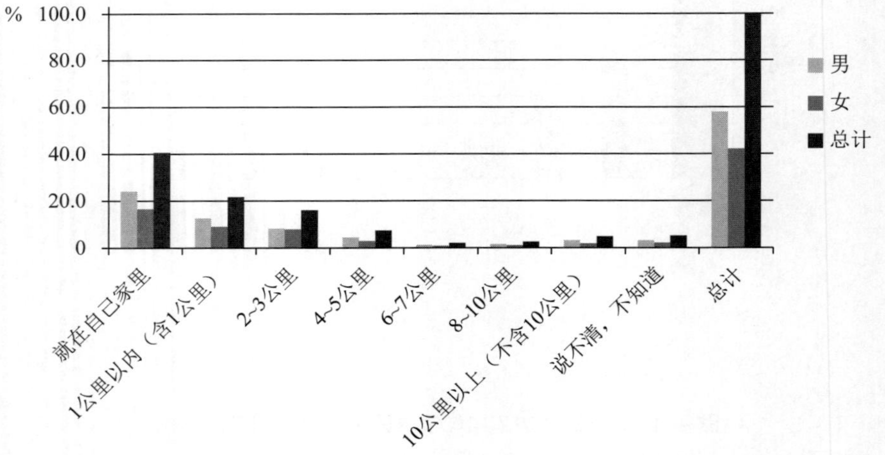

图 4–2　不同性别城镇居民工作日休闲空间结构

从不同性别城镇居民在工作日的休闲半径对比来看，女性居民在 3 公里以内的比重占到 79.5%，而男性这一比例为 77.5%（见表 4–2）。原因在于女性更易受到家庭事务、照顾老人和小孩等活动的限制，主要进行家庭范围内的休闲和休闲半径较小的其他休闲活动。

表 4–2　不同性别城镇居民工作日休闲半径分配（以 3 公里为节点）

单位：%

	男	女
3公里以内	77.5	79.5
3公里以外	22.5	20.5

3. 工作日休闲半径总体呈 v 现年龄递减规律

从不同年龄城镇居民休闲空间结构来看，在工作日，各年龄段居民均随着休闲空间半径加大而人数减少。细分来看，各个年龄段的居民居家休闲的人数最多，15~29 岁年龄段的居民在 6~10 公里人数最少，共占 0.7%；30~44 岁年龄段的居民在 6~7 公里的人数最少，占 0.9%；45~59 岁年龄段的居民在 6~10 公里的人数最少，共占 0.6%；60 岁及以上年龄段的居民在 4~10 公里人数最少，共占 0.24%（见图 4-3）。

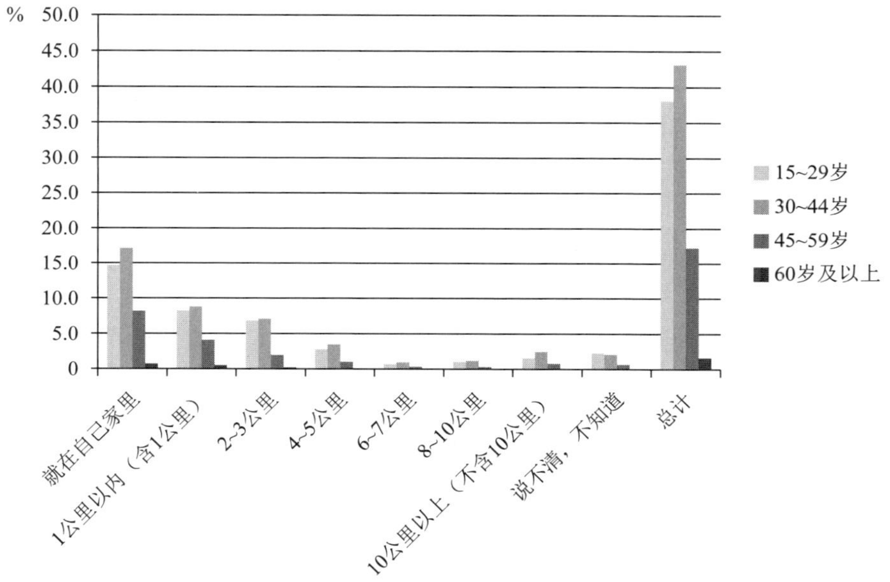

图 4-3　不同年龄段城镇居民工作日休闲空间结构

从不同年龄段城镇居民休闲空间对比来看，随着年龄的增长，休闲空间总体呈递减趋势，即青年人的休闲活动空间较大，而中年人和老年人的活动空间较小。受工作时间灵活度增加及身体素质较好等因素影响，30~44 岁年龄段居民休闲半径相对最大，休闲半径在 3 公里以外的比例为 23.5%；60 岁及以上的老年人休闲时间更充裕，但由于受到身体状况等限制，休闲半径较小，休闲半径在 3 公里以外的比例仅为 14.1%（见表 4-3）。

表 4–3　不同年龄段城镇居民工作日休闲半径分配（以 3 公里为节点）

单位：%

	15~29岁	30~44岁	45~59岁	60岁及以上
3公里以内	78.1	76.5	82.5	85.9
3公里以外	21.9	23.5	17.5	14.1

4. 休闲半径与学历呈“倒 U”形关系，大学本科学历居民休闲半径相对最大

从不同学历城镇居民休闲空间结构来看，在工作日各学历城镇居民的休闲半径仍以近距离为主。其中，居家休闲的比重相对最高，而小学及以下学历的人群休闲活动空间中，6~10 公里人数最少，接近 0%；而初中学历的人群休闲空间在 8~10 公里的人数最少，占 0.1%；高中、中专、技校等学历的人群休闲空间在 6~7 公里的所占比重最少，占 0.3%；大学专科学历的人群在 6~7 公里的人数最少，占 1.0%；具有本科学历的居民活动空间中，6~7 公里的比重相对最少，仅为 0.6%；而硕士及以上学历的群体休闲空间也是 6~7 公里所占比重最少，占 0.1%（见图 4–4）。

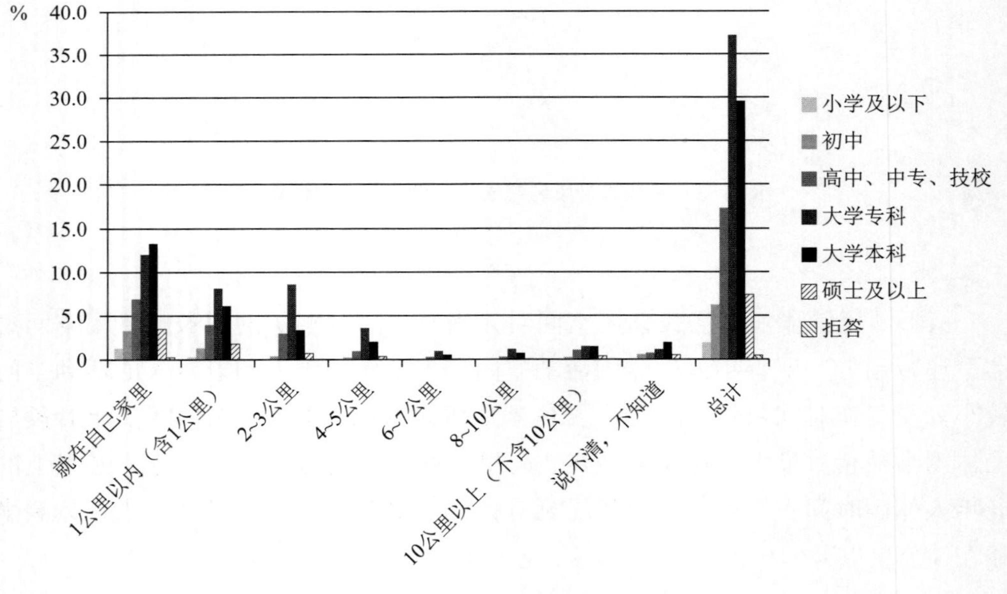

图 4–4　不同学历城镇居民工作日休闲空间结构

从不同学历城镇居民休闲空间结构对比来看，因不同学历的居民所从事的职业有所差异，学历越低，从事的职业越需密集劳动，其休闲活动的半径也相对越小。小学及以下学历的居民休闲半径在3公里以外的比例仅为14%，表明其受到工作日工作时间和环境的限制，高中、中专、技校及大学专科、大学本科、硕士及以上学历的居民休闲半径在3公里以外的比例均在20%左右（见表4–4）。

表4–4　不同学历城镇居民工作日休闲半径分配（以3公里为节点）

单位：%

	小学及以下	初中	高中、中专、技校	大学专科	大学本科	硕士及以上
3公里以内	86	79.9	80.1	77.4	77.1	81.1
3公里以外	14	20.1	19.9	22.6	22.9	18.9

5. 已婚人士休闲半径较小，未婚人士休闲半径较大

在工作日，不同婚姻状况的城镇居民休闲半径差异较小，已婚人士倾向于选择居家休闲，休闲半径在3公里以内的已婚人士的比重达到了79.2%，在1~10公里范围内，各婚姻状况人数随休闲半径增大而呈递减趋势，而休闲半径在10公里以上时，人数又有所增加（见图4–5）。

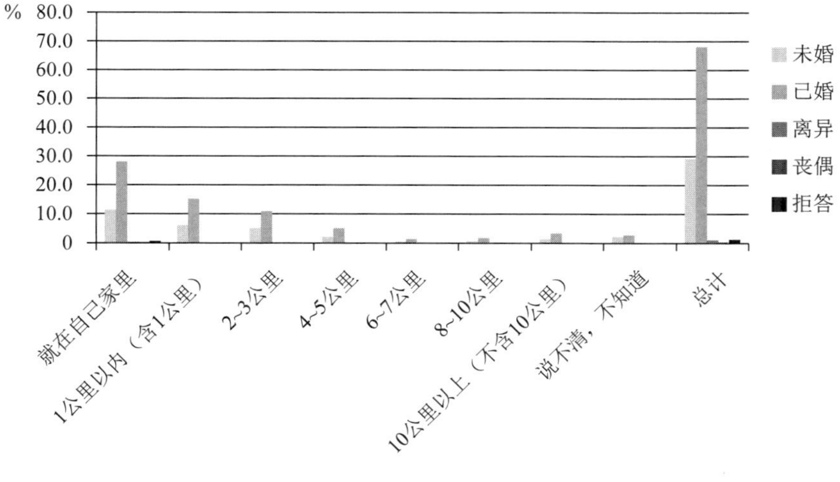

图4–5　不同婚姻状况城镇居民工作日休闲空间结构

已婚人士受家庭因素制约较大，休闲时间可能要用于处理家庭事务及照顾老人孩子，休闲半径在 3 公里以外的比例最低，为 20.8%；而未婚人士时间充裕，且一般为未婚年轻人士，身体状况也较好，休闲半径在 3 公里以外的比例为 22.7%；对于离异和丧偶的居民，既没有已婚人士的家庭束缚，又不像未婚年轻人士那样完全没有压力，所以休闲半径在 3 公里以外的比例均较高，分别为 34% 和 26.3%（见表 4–5）。但是，由于涉及个人婚姻状况，一部分人选择了拒答，所以数据并不完整。

表 4–5　不同婚姻状况城镇居民工作日休闲半径分配（以 3 公里为节点）

单位：%

	未婚	已婚	离异	丧偶
3公里以内	77.3	79.2	66.0	73.7
3公里以外	22.7	20.8	34.0	26.3

（二）城镇居民周末休闲空间研究

相对于工作日来说，城镇居民周末的休闲时间相对较长，一周的工作，会使得居民休闲欲望增强，其休闲空间也会得到相应的提升。基于此，本研究将对不同群体城镇居民的周末休闲空间进行对比分析。

1. 城镇居民周末休闲空间范围较工作日有所扩大，但总体仍然以 3 公里以内为主

从城镇居民总体的周末休闲空间结构来看，在周末，人们的休闲时间增多，可以根据自己的喜好选择两天的休闲方式。但总体来看，居民周末的休闲空间和工作日趋势大致相同，大多数居民愿意在离家相对较近的地方进行休闲，不过在总量上已经有了很大程度的分散（见图 4–6）。其中，选择居家休闲和休闲半径在 1~3 公里以内的居民比例最高，占总体比重的 63.8%；其次为休闲半径在 10 公里以上的人，占总体比重的 12.1%；休闲半径 6~7 公里、8~10 公里的人数最少，总共占 7.7%。由此可知，相对于工作日，休闲半径稍远的人所占比例逐渐增加，近距离比例下降，居民在周末比在工作日有着更强的到离家更远处休闲的愿望。与 2012 年相比，居民居家休闲比重由 34.3% 降低到 22.1%，休闲半径在 2~3 公里的比重由 8.1% 增长到 22.0%（见表 4–6）。由此可见，由于周末两天时间所限，远距离的休闲活动不利于放松身心，而在家周围 3 公里以内的范围是最适合的，越来越多的居民利用双休日进行3公里以内的休闲活动。

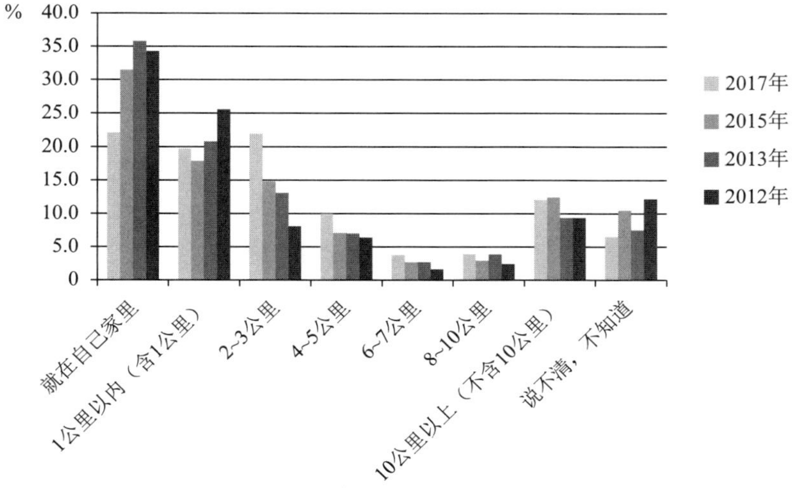

图4-6　2012—2017年城镇居民周末休闲空间总体结构

表4-6　2012—2017年城镇居民周末休闲空间比较

单位：%

休闲空间	2017年	2015年	2013年	2012年
就在自己家里	22.1	31.5	35.8	34.3
1公里以内（含1公里）	19.7	17.9	20.8	25.6
2~3公里	22.0	14.8	13.1	8.1
4~5公里	10.0	7.1	7.0	6.4
6~7公里	3.8	2.7	2.7	1.6
8~10公里	3.9	2.9	3.9	2.4
10公里以上（不含10公里）	12.1	12.5	9.4	9.4
说不清，不知道	6.5	10.5	7.5	12.2

2. 女性居民周末休闲半径总体小于男性

从不同性别城镇居民周末休闲空间来看，男女差异并不是特别大，总体上女性休闲半径要小于男性（见图4-7）。

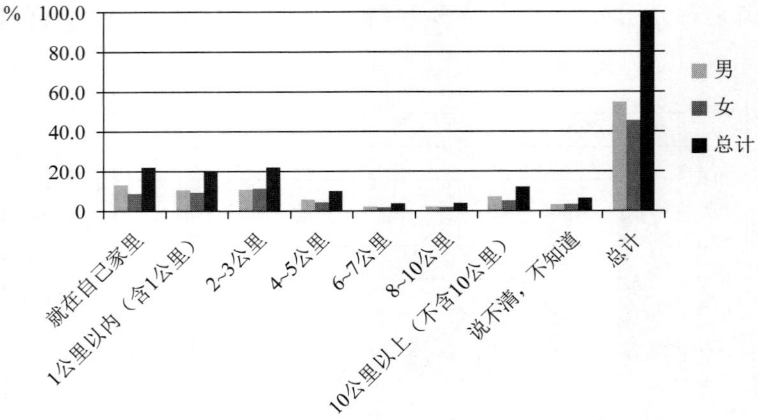

图 4–7　不同性别城镇居民周末休闲空间结构

从不同性别城镇居民周末休闲空间对比来看，女性居民休闲空间在 3 公里以内的比重占到 64.4%，而男性这一比例为 63.2%。可见，即使在周末女性也倾向于把休闲半径局限在家里，进行处理家庭事务、照顾老人和小孩等活动。而男性周末休闲空间在 3 公里以外的比重占到 36.8%，可见男性在周末时间允许的情况下更容易选择到离家较远的地方休闲（见表 4–7）。

表 4–7　不同性别城镇居民周末休闲半径分配（以 3 公里为节点）

单位：%

	男	女
3公里以内	63.2	64.4
3公里以外	36.8	35.6

3. 城镇居民周末休闲半径与年龄总体呈负相关关系

对于不同年龄城镇居民周末休闲空间结构，总体上各个休闲半径存在着明显的分布差异，在不同休闲半径里各年龄段的人数所占比例均有所不同。各个休闲半径中都是 15~29 岁和 30~44 岁的人最多，两者呈现出此起彼伏的状态。细分来看，各个年龄段中居家休闲的人数最多，15~29 岁年龄段休闲空间在 8~10 公里人数最少，占 1.4%；30~44 岁年龄段休闲空间在 6~7 公里人数最少，占 1.6%；45~59 岁年龄段休闲空间在 6~7 公里人数最少，占 0.4%；60 岁及以上年龄段休闲空间在 4~10 公里人数最少，接近 0%（见图 4–8）。

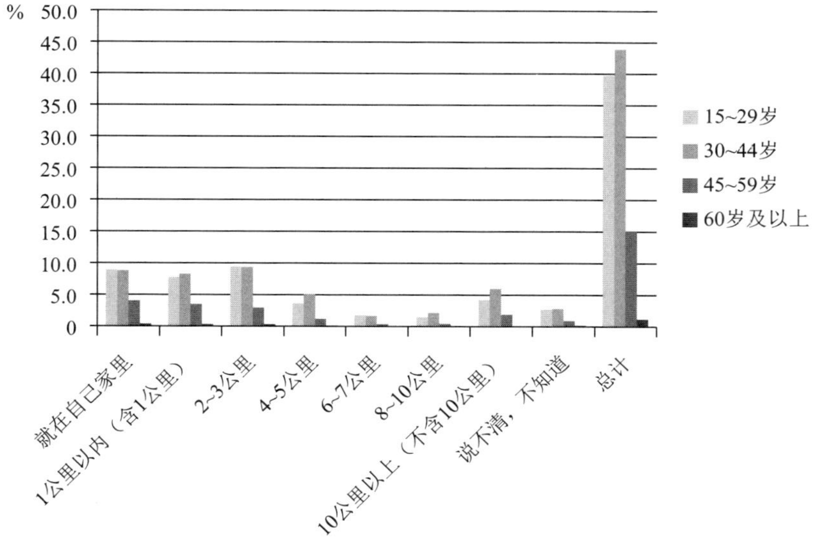

图 4-8 不同年龄段城镇居民周末休闲空间结构

从不同年龄段城镇居民周末休闲空间对比来看，15~29 岁的年轻人和 30~44 岁的中青年人，休闲半径在 3 公里以外的比例分别为 34.4% 和 39.9%；60 岁及以上的老年人工作日休闲时间更充裕，因此对于周末休闲的敏感度不高，且受到身体状况等因素的限制，休闲半径较小，在 3 公里以外的仅占 27.5%；而 45~59 岁的居民，虽然可能比在工作日休闲时间多了一些，但处于上有老、下有小的时期，使得他们即使是在周末，休闲活动也主要是在家庭范围内，休闲半径在 3 公里以外的占 31.1%（见表 4-8）。

表 4-8 不同年龄段城镇居民休闲半径分配（以 3 公里为节点）

单位：%

	15~29岁	30~44岁	45~59岁	60岁及以上
3公里以内	65.6	60.1	68.9	72.5
3公里以外	34.4	39.9	31.1	27.5

4. 大学本科学历居民休闲半径相对最大

不同学历城镇居民有相对不同的休闲半径，从 3 公里以内看，小学到高中学历人群相对较近，集中于 70%~80%，大学专科到硕士学历人群比较相近，集中于 50%~70%。总体上，3 公里以内人数多于 3 公里以外，并随着休闲半径增加有下降的趋势，而 10 公里以上的休闲半径人数又有所增加。细分来看，各学历居家休闲的人最多，小学及以下学历休闲空间在 2~10 公里的人数最少，总共占 0.3%；初中学历休闲空间在 6~7 公里和 8~10 公里的人数最少，各占 0.1%；高中、中专、技校学历休闲空间在 6~7 公里的人数最少，占 0.4%；大学专科学历休闲空间在 8~10 公里的人数最少，占 1.9%；大学本科学历休闲空间在 6~7 公里的人数最少，占 1.0%；硕士及以上学历休闲空间在 6~7 公里和 8~10 公里的人数最少，各占 0.2%；在拒答人群中休闲空间在 4~10 公里的人数最少，接近 0%（见图 4-9）。

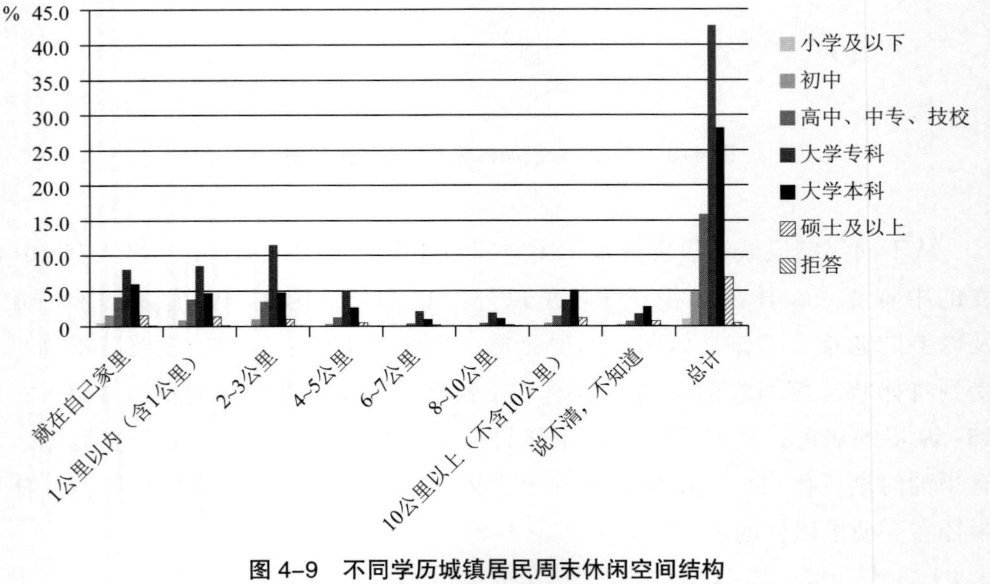

图 4-9　不同学历城镇居民周末休闲空间结构

从不同学历城镇居民周末休闲空间对比来看，大学专科、大学本科和硕士及以上学历的居民周末休闲半径相对最大，休闲半径在 3 公里以外的分别占 34.2%、45.1% 和 41.7%，因为其工作大都是双休，周末有充足的时间来休闲，其能够外出的机会也多；小学及以下和初中学历的休闲半径最小，休闲半径在 3 公里以外的分别占 24.3% 和 26.5%，因为即使在周末，其受到工作加班等因素影响也较大（见表 4-9）。

表 4-9 不同学历城镇居民周末休闲半径分配（以 3 公里为节点）

单位：%

	小学及以下	初中	高中、中专、技校	大学专科	大学本科	硕士及以上
3公里以内	75.7	73.5	72.5	65.8	54.9	58.3
3公里以外	24.3	26.5	27.5	34.2	45.1	41.7

5. 已婚人士休闲半径较大

从不同婚姻状况的城镇居民周末休闲空间来看，各婚姻状况的居民居家休闲的人数均较多，而未婚居民休闲空间在 8~10 公里的人数最少，为 0.8%；已婚居民休闲空间在 6~7 公里的人数最少，为 2.8%，离异居民休闲空间在 6~10 公里的人数最少，接近 0%；拒答的人中休闲空间在 4~10 公里的人数最少，接近 0%（见图 4-10）。

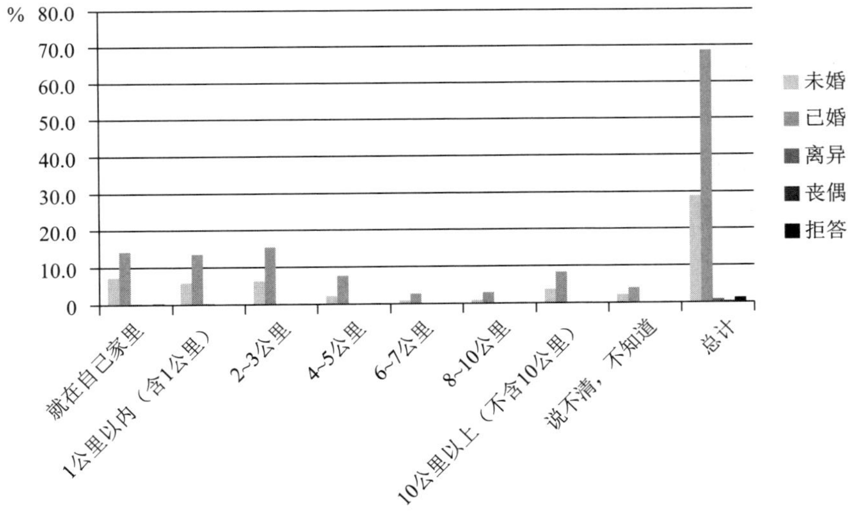

图 4-10 不同婚姻状况城镇居民周末休闲空间结构

从不同婚姻状况城镇居民周末休闲空间对比来看，已婚人士在周末时间宽裕的情况下，可以带着家人到离家较远的地方进行休闲活动，愉悦身心，休闲半径在 3 公里以外的比例最高，为 37.3%；而未婚、离异和丧偶人士受家庭的制约较小，休闲半径在 3 公里以外的比例也均在 27% 以上（见表 4-10）。但是，由于涉及个人婚姻状况，一部分人选择了拒答，因此数据并不完整。

表 4-10　不同婚姻状况城镇居民周末休闲半径分配（以 3 公里为节点）

单位：%

	未婚	已婚	离异	丧偶
3公里以内	66.7	62.7	71.0	72.7
3公里以外	33.3	37.3	29.0	27.3

（三）城镇居民节假日休闲空间研究

节假日，城镇居民旅游活动在其休闲活动中所占比例明显提升，所以 10 公里以上休闲空间成为区别于其他时间段城镇居民休闲空间的最主要代表；而即使是近距离休闲，居民也会选择去相对较远的公园、商场、影院等休闲场所进行消费性休闲。基于此，本研究对不同群体城镇居民的节假日休闲空间进行了研究。

1. 城镇居民在节假日期间的休闲半径明显增加

在节假日，人们有集中且充裕的时间，能够去较远的地方进行自己想要的休闲活动，大多数人还会趁着节假日进行很多社交旅游方面的休闲，这样使得节假日不同于平常，其休闲空间特点比较特殊（见图 4-11）。与工作日与周末有着很大差异，节假日的休闲半径整体上较大，这与交通的便捷度提高和人们的可支配收入提高有关。休闲空间在 10 公里以上人数占据最大比例，占 34.7%，居家休闲次之，占 17.2%；与之前相同，休闲空间在 6~7 公里、8~10 公里的人数较少，总体上占据 7.5%；其他休闲半径人数所占比例与之前相比多有提升。与 2012 年相比，居家休闲的比例由 29.7% 降低到 17.2%，休闲空间在 10 公里以上的比例由 22.5% 增加到 34.7%（见表 4-11）。由此可见，越来越多的人选择在节假日进行 10 公里以上的休闲活动。

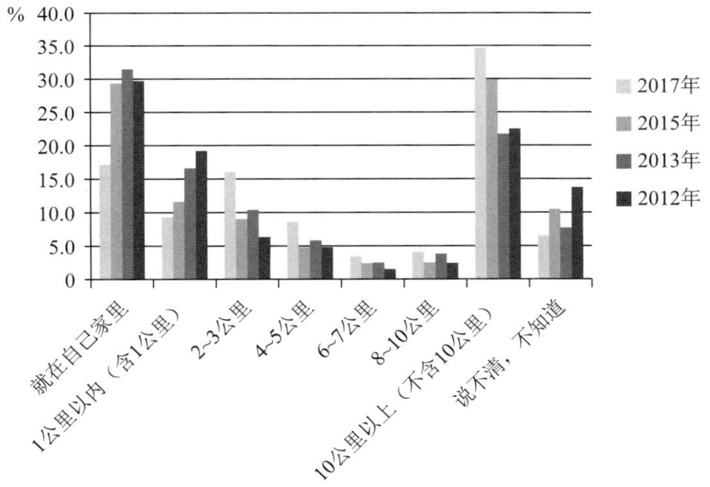

图 4-11 2012—2017 年城镇居民节假日休闲空间总体结构

表 4-11 2012—2017 年城镇居民节假日休闲空间比较

单位：%

休闲空间	2017年	2015年	2013年	2012年
就在自己家里	17.2	29.4	31.5	29.7
1公里以内（含1公里）	9.3	11.6	16.6	19.2
2~3公里	16.1	9.0	10.4	6.3
4~5公里	8.6	4.8	5.8	4.8
6~7公里	3.4	2.4	2.5	1.5
8~10公里	4.1	2.5	3.8	2.4
10公里以上（不含10公里）	34.7	29.9	21.7	22.5
说不清，不知道	6.5	10.5	7.7	13.7

2. 不同性别城镇居民节假日休闲半径总体上不存在明显的差异

节假日的集中休息时间对不同性别居民来说没有很大差异。细分来看，男性休闲空间在 10 公里以上的人数最多，占 20.9%，但明显居家休闲的比例也相对最大，占 10.3%；女性休闲空间在 10 公里以上的人数也最多，占 13.8%。男性休闲空间在 6~7 公里的人数最少，占 2.1%；女性休闲空间在 6~10 公里的人数最少，总共占 3%（见图 4-12）。

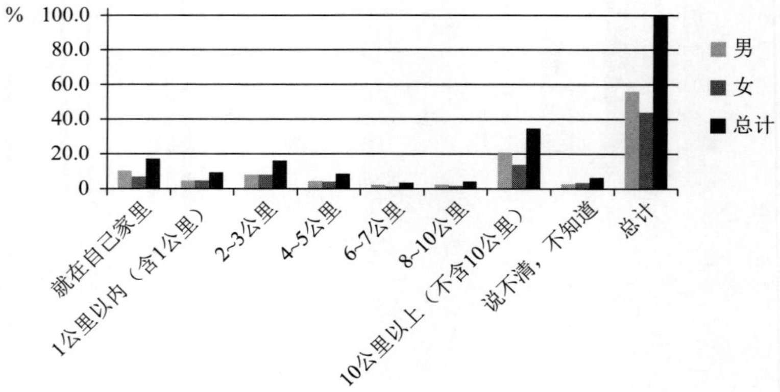

图 4-12　不同性别城镇居民节假日休闲空间结构

女性居民休闲空间在 3 公里以内的比重占到 44.5%，而男性这一比例为 41.2%，略低于女性（见表 4-12）。可见，在节假日，不管男性还是女性都会选择到离家较远的地方休闲放松，女性处理家庭事务、照顾老人小孩的活动在节假日都可先暂且不考虑，故男女性休闲半径都较大。

表 4-12　不同性别城镇居民节假日休闲半径分配（以 3 公里为节点）

单位：%

	男	女
3公里以内	41.2	44.5
3公里以外	58.8	55.5

3. 年轻群体休闲半径总体大于中老年群体

在节假日，各个年龄段城镇居民的休闲半径呈现出不同的特点。这表明，不同年龄段的城镇居民对节假日有着不同的敏感程度，年轻人一般会借着节假日去相对较远的地方休闲，而中老年人大多已经退休，对于节假日的敏感程度不高，加上行动不方便，会选择在较近的地方休闲。细分来看，15~29 岁、30~44 岁和 45~59 岁居民休闲空间在 10 公里以上的人数最多，60 岁及以上居民选择居家休闲最多。另外，15~29 岁居民休闲空间在 8~10 公里的人数最少，占 1.3%；30~44 岁居民休闲空间在 6~10 公里的人数最少，总共占 3.9%；45~59 岁居民休闲空间在 6~10 公里的人数最少，总共占 0.8%；60 岁及以上居民休闲空间在 4~7 公里的人数最少，接近 0%（见图 4-13）。

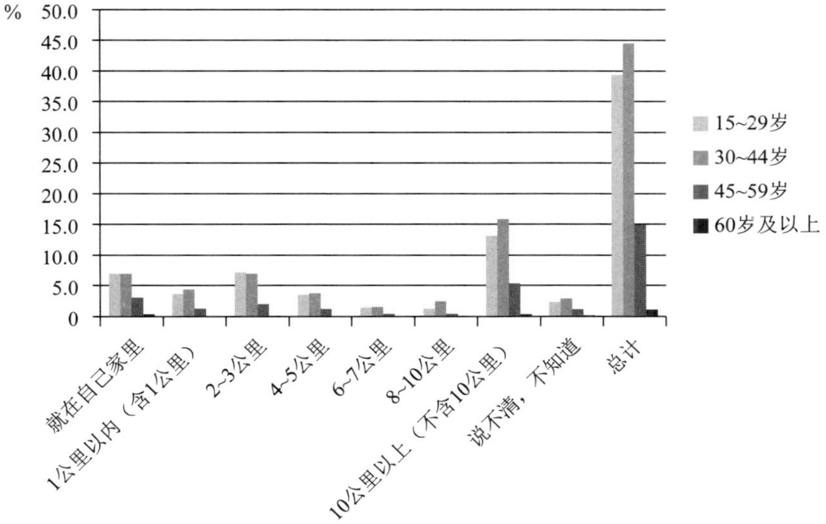

图 4-13　不同年龄段城镇居民节假日休闲空间结构

15~29 岁的年轻人和 30~44 岁的中青年人，休闲半径在 3 公里以外的比例分别为 55.1% 和 59.2%；45~59 岁的中青年人，其生活压力要小于 15~29 岁的年轻人，但是身体状况不如 30~44 岁的中青年人，因此其休闲半径在 3 公里以外的比例居于两者之间，占 57.8%；60 岁及以上的老年人休闲时间更充裕，但由于受到身体状况等限制，休闲半径在 3 公里以外的占 54.3%（见表 4-13），是节假日休闲半径最小的群体。

表 4-13　不同年龄段城镇居民节假日休闲半径分配（以 3 公里为节点）

单位：%

	15~29岁	30~44岁	45~59岁	60岁及以上
3公里以内	44.9	40.8	42.2	45.7
3公里以外	55.1	59.2	57.8	54.3

4. 大学本科学历的群体休闲半径相对最大

在节假日，不同学历城镇居民休闲半径呈现出不同的态势，但总体相对于工作日和周末较大。细分来看，小学及以下、初中学历城镇居民居家休闲的人数最多，高中、中专、技校及大学专科、大学本科、硕士及以上学历城镇居民休闲空间在 10 公里以上的人数最多。小学及以下学历居民休闲空间在 4~10 公里的人数最少，接近 0%；初中学历居民休闲空间在 8~10 公里的人数最少，占 0.1%；高中、中专、技校学历居民休闲空间在 8~10 公里的人数最少，占 0.4%；大学专科学历居民休闲空间在 6~7 公里的人数最少，占 2.1%；大学本科学历居民休闲空间在 6~7 公里的人数最少，占 0.5%；硕士及以上学历居民休闲空间在 6~7 公里的人数最少，占 0.1%，拒答的居民休闲空间在 4~10 公里的人数最少，接近 0%（见图 4-14）。

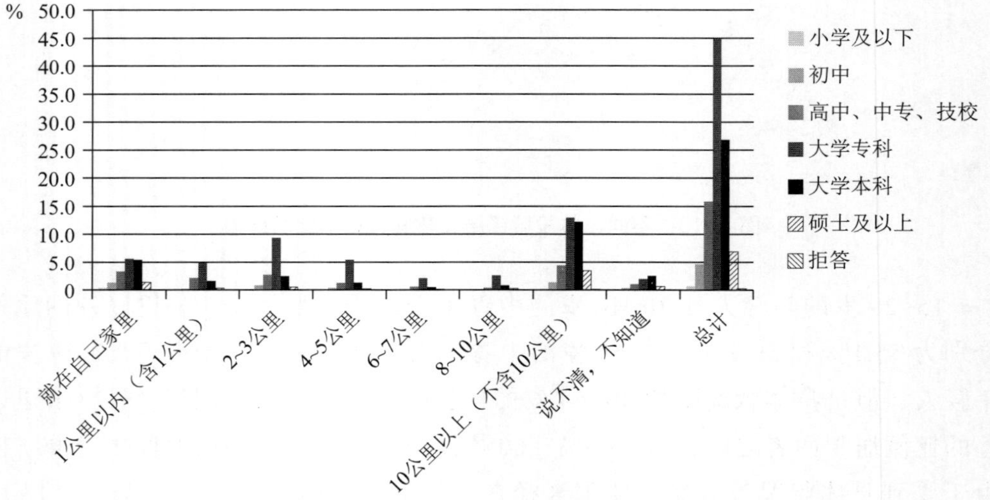

图 4-14　不同学历城镇居民节假日休闲空间结构

在节假日，休闲半径在 3 公里以外的人数有着大幅度增加，因为不同年龄段的人大都有着充足的休息时间。大学专科、大学本科、硕士及以上学历的居民休闲半径在 3 公里以外的人数较多，均高于 50%，而高中以下学历的居民休闲半径在 3 公里以外的人数均小于 50%（见表 4-14）。这表明，高学历的居民在节假日休闲半径相对较大，这也和其之前受到的教育和所处的工作环境有很大关系。

表 4-14　不同学历城镇居民节假日休闲半径分配（以 3 公里为节点）

单位：%

	小学及以下	初中	高中、中专、技校	大学专科	大学本科	硕士及以上
3公里以内	70.8	50.3	51.9	44.3	35.3	31.3
3公里以外	29.2	49.7	48.1	55.7	64.7	68.7

5. 各类婚姻状况的城镇居民的节假日休闲半径均有所增大

在节假日，已婚和未婚群体对节假日的敏感程度大致相同，相比工作日和周末都愿意选择更远的地方进行休闲。细分来看，各类居民休闲空间在 10 公里以上的人数最多。其中未婚居民休闲空间在 6~7 公里的人数最少，占 0.6%；已婚居民休闲空间在 6~7 公里的人数最少，为 2.7%；离异居民休闲空间在 1~10 公里和难以回答的人数最少，接近 0%；拒答的居民居家休闲的人数仅次于休闲空间在 10 公里以上的人数，而休闲空间在 8~10 公里的人数最少，接近 0%。与 2015 年相比，各类婚姻状况的城镇居民 10 公里以上的休闲活动均有所增加（见图 4-15）。

未婚居民受家庭的制约较小，在节假日时间宽裕的情况下，可以到离家较远的地方休闲活动，休闲半径在 3 公里以外的比例为 52.7%；已婚居民虽然要照顾家庭和老人孩子，但节假日时间可以与其他家庭成员一起进行休闲活动，休闲半径在 3 公里以外的比例也相对较高，为 59.2%；离异和丧偶居民家庭约束少，可以借助节假日到较远的地方进行休闲活动以释放身心，休闲半径在 3 公里以外的比例分别占 63% 和 50%（见表 4-15）。但是，由于涉及个人婚姻状况，一部分人选择了拒答，数据并不完整。

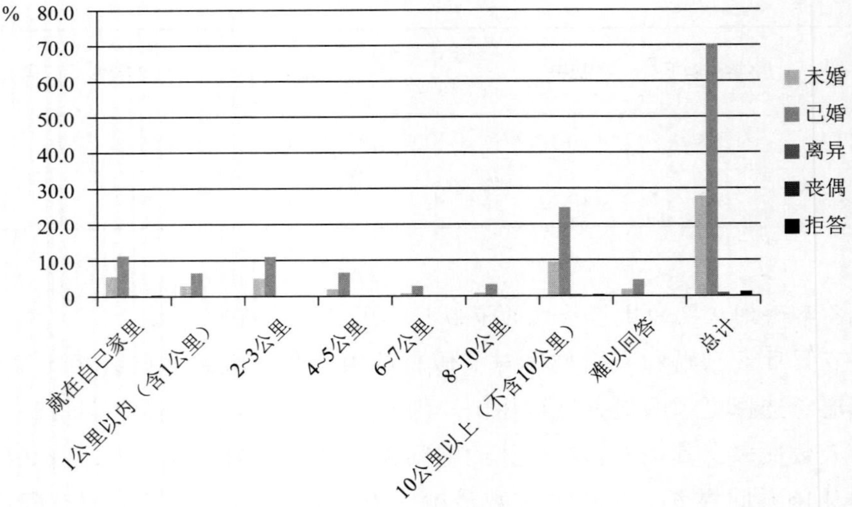

2017年

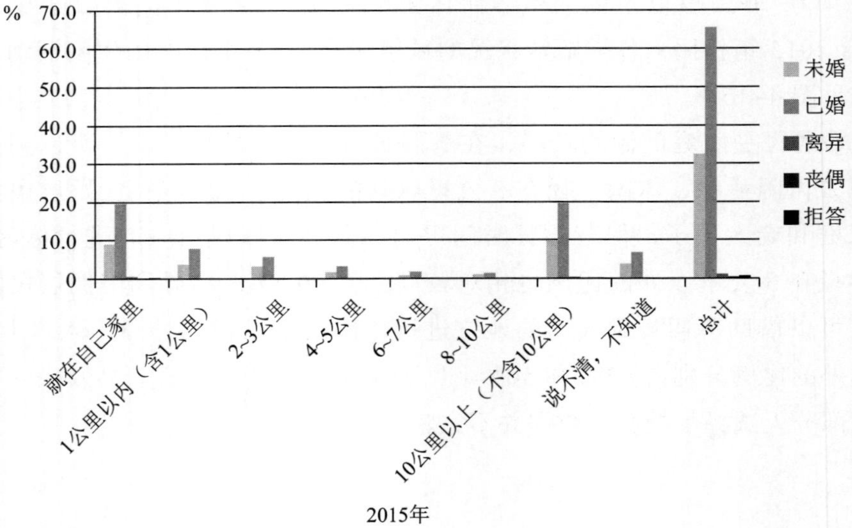

2015年

图 4-15　2017 年与 2015 年不同婚姻状况城镇居民节假日休闲空间结构

表 4-15　不同婚姻状况城镇居民节假日休闲半径分配（以 3 公里为节点）

单位：%

2017年				
	未婚	已婚	离异	丧偶
3公里以内	47.3	40.8	37.0	50.0
3公里以外	52.7	59.2	63.0	50.0
2015年				
	未婚	已婚	离异	丧偶
3公里以内	48.5	50.5	72.7	63.6
3公里以外	51.5	49.5	27.3	36.4

二、农村居民休闲空间研究

曾经，休闲只是少数“有闲阶层”的特权。随着人们物质生活水平的不断提高，大众教育、大众媒体、有线电视网络的兴起，逐渐推动形成了一种大众休闲文化：休闲已与每个人的生存息息相关，成为人们生活的重要组成部分，成为人们的基本需要和权利。农村居民也不例外，他们内心也强烈渴望休闲，存在休闲需要，希望休闲权利得以实现。所以，关注农村居民的休闲生活，不仅是提高农村居民生活满意度的需要，同时也是建设社会主义新农村的题中应有之义。通过研究农村居民休闲空间，可以为农村居民提供更多的公益性休闲产品以及对农村居民休闲活动的支撑和保障。本研究将从农忙和农闲两个方面对农村居民的休闲空间进行分析。

（一）农村居民农忙时休闲空间研究

1. 农忙时的休闲半径总体较小

从农村居民农忙时的休闲空间结构来看，时间紧张是制约农村居民休闲半径扩大的主要原因。在农忙时，农村居民的休闲活动主要是居家休闲，比重为63.5%；其次是 1 公里以内的休闲，占 21.0%；两者共占据 84.5%。其他休闲半径的休闲活动比重总计达到 15.5%。这表明，在农忙时农村居民休闲半径总体较小，并且大多选择在家附近进行休闲活动，这样也比较符合中国农村居民在农忙时的作息规律。与 2012 年相比，2017 年农村居民农忙时居家休闲的比重由

69.9% 降低到 63.5%，2 公里以上休闲比重由 4.1% 增长到 10.2%，其中 10 公里以上休闲活动由 0.9% 增长到 2.7%。总体来看，居家休闲比重有所下降，但是远距离休闲基本没有增长，仍以居家休闲为主（见图 4–16、表 4–16）。

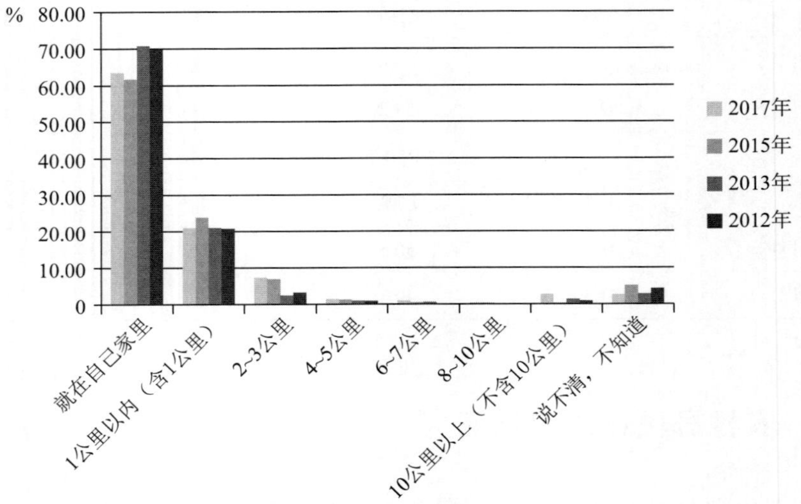

图 4–16　2012—2017 年农村居民农忙时休闲空间结构

表 4–16　2012—2017 年农村居民农忙时休闲空间比较

单位：%

休闲空间	2017年	2015年	2013年	2012年
就在自己家里	63.5	61.7	70.8	69.9
1公里以内（含1公里）	21.0	23.8	21.0	20.8
2~3公里	7.3	7.0	2.4	3.2
4~5公里	1.5	1.3	1.0	0.9
6~7公里	1.0	0.5	0.6	0.0
8~10公里	0.4	0.3	0.0	0.0
10公里以上（不含10公里）	2.7	0.3	1.4	0.9
说不清，不知道	2.5	5.1	2.8	4.3

2. 女性休闲半径小于男性

从不同性别农村居民的休闲空间对比来看，农忙时男女对于休闲半径的选择差异不是特别大，总体上保持着休闲半径越大，选择比例越小的趋势，而选择 10 公里以上的休闲半径人数又有所增加。细分来看，男女居家休闲的比重均最大，分别占 34% 和 29.6%。男性休闲空间在 6~10 公里的人数最少，共为 0.4%；女性休闲空间在 8~10 公里的人数最少，仅为 0.2%（见图 4–17）。

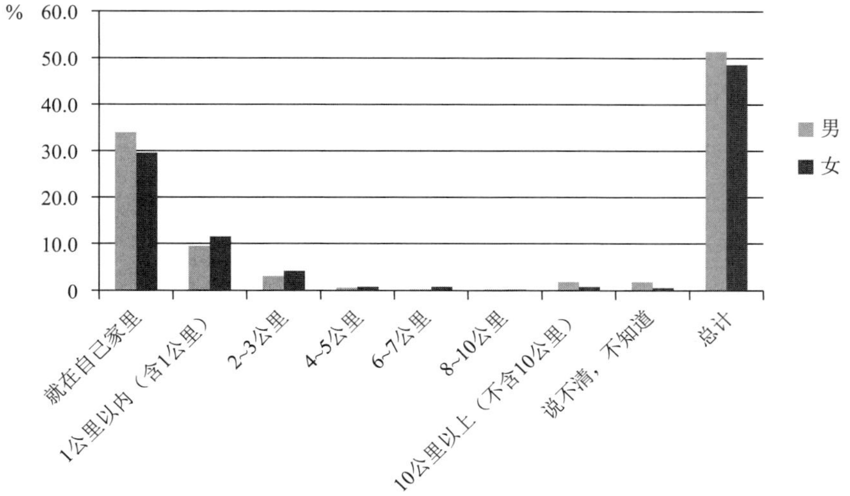

图 4–17　不同性别农村居民农忙时休闲空间结构

从不同性别农村居民农忙时的休闲空间对比来看，男性居民休闲半径在 3 公里以内的比例为 90.6%，而女性这一比例为 93.1%（见表 4–17），两者的比重都很大，但明显女性的休闲半径总体小于男性。原因在于：女性更易受到家庭事务、照顾老人和小孩等活动的限制，尤其是农忙时，农业劳动会占去大部分时间，即使休闲也只能局限于家中，主要进行家庭范围内的休闲和休闲半径较小的其他休闲活动。

表 4–17　不同性别农村居民农忙时休闲半径分配（以 3 公里为节点）

单位：%

	男	女
3公里以内	90.6	93.1
3公里以外	9.4	6.9

3. 年轻人休闲半径相对最大，随年龄增长呈递减趋势

从不同年龄农村居民农忙时的休闲空间来看，各年龄段大都偏向于在离家

较近的地方休闲，但也有一定的差异。细分来看，各年龄段的居民进行居家休闲的比重最大。15~29 岁的居民休闲半径在 4~10 公里的人数最少，共占 1.2%；30~44 岁的居民休闲半径在 4 公里以上的人数最少，共占 0.6%；45~59 岁的居民休闲半径在 8~10 公里的人数最少，为 0%；60 岁及以上的居民休闲半径在 6 公里及以上的人数最少，接近 0%（见图 4-18）。

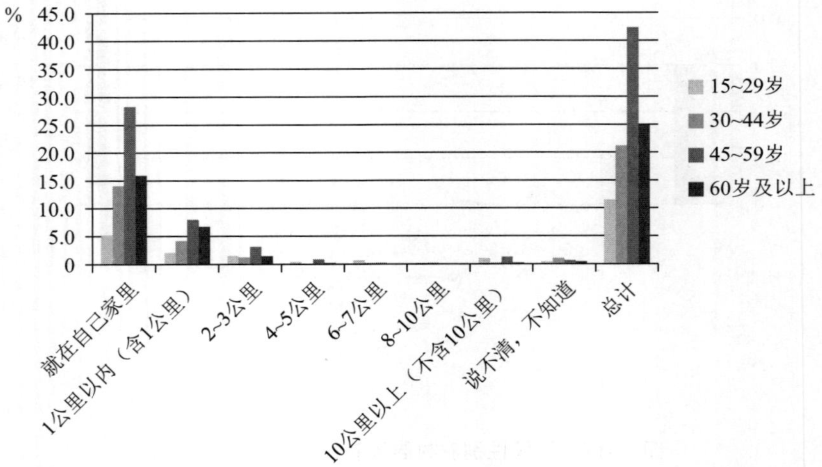

图 4-18　不同年龄段农村居民农忙时休闲空间结构

从不同年龄段农村居民农忙时的休闲空间对比来看，15~29 岁的年轻人受到家庭因素的制约较小，休闲半径在 3 公里以外的比例为 23.6%；在农忙时休闲半径最小的年龄段为 45~59 岁，其休闲时间较少，且多处于上有老、下有小的时期，休闲活动主要是在家庭范围内，休闲半径在 3 公里以外的占 6.9%；60 岁及以上的老年人大多在家庭范围内帮年轻人照顾小孩等，休闲半径在 3 公里外的比例最低，为 3.4%（见表 4-18）。

表 4-18　不同年龄段农村居民农忙时休闲半径分配（以 3 公里为节点）

单位：%

	15~29岁	30~44岁	45~59岁	60岁及以上
3公里以内	76.4	92.1	93.1	96.6%
3公里以外	23.6	7.9	6.9	3.4%

4. 高中、中专、技校学历的居民休闲半径较大

从不同学历农村居民农忙时的休闲空间对比来看，不同学历的居民休闲半径的构成也有所不同。由于在农村学历较高的人群相对较少，因此统计意义不大，主要统计的是大学专科以下的学历人群。细分来看，各个学历的居民居家休闲人数最多。小学及以下学历的居民休闲空间在 8 公里以上的人数最少，接近 0%；初中学历的居民休闲空间在 6~10 公里的人数最少，接近 0%；高中、中专、技校学历的居民休闲空间在 4~7 公里的人数最少，共占 0.4%；大学专科学历的居民休闲空间在 4~10 公里的人数最少，接近 0%；大学本科学历的居民休闲空间在 8~10 公里的人数最少，接近 0%；其他学历人群样本统计量较少，不予计算（见图 4–19）。

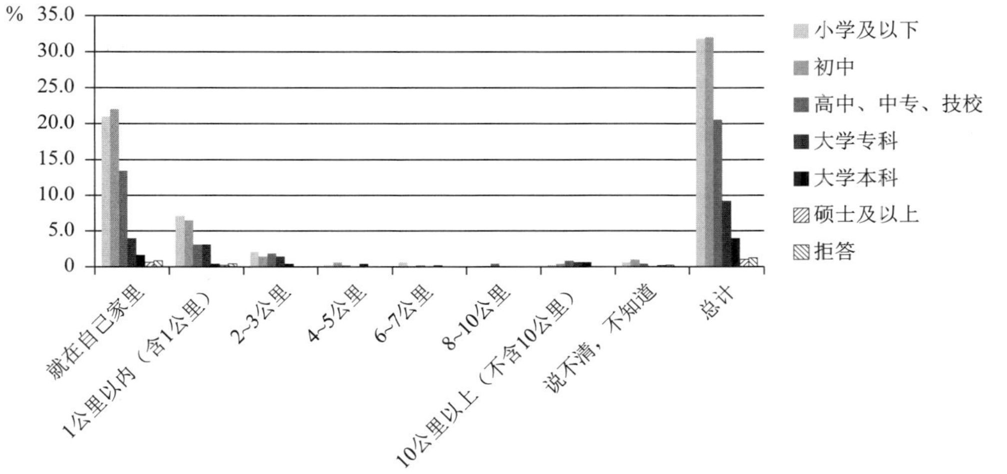

图 4–19　不同学历农村居民农忙时休闲空间结构

从不同学历农村居民农忙时的休闲空间对比来看，由于农村居民整体学历不高，大都为小学到高中学历，在农忙时，其大多时间用于农业劳动，休闲主要集中在整个农村的活动范围，休闲方式亦有限。高中、中专、技校学历的人群休闲半径在 3 公里以外的比例为 10.2%，相对大于大学专科、初中和小学及以下学历的居民。这表明，高中、中专、技校学历的居民接触到的休闲途径更多，休闲方式更加多样化；反之，小学及以下和初中居民的休闲方式相对较为单一。大学本科和硕士及以上学历人群样本统计较少，不具备统计学意义（见表 4–19）。

表 4-19　不同学历农村居民农忙时休闲半径分配（以 3 公里为节点）

单位：%

	小学及以下	初中	高中、中专、技校	大学专科	大学本科	硕士及以上
3公里以内	94.7	93.5	89.8	93.2	—	—
3公里以外	5.3	6.5	10.2	6.8	—	—

5. 已婚居民休闲半径较小，未婚居民休闲半径较大

从不同婚姻状况农村居民农忙时的休闲空间来看，其休闲半径有一定差异，在统计方面主要集中于已婚居民和未婚居民，其中已婚居民统计最多。细分来看，不同婚姻状况的居民选择居家休闲的人数均最多。未婚在 4~5 公里和 8~10 公里进行休闲活动的人数最少，接近 0%；已婚居民在 6~7 公里和 8~10 公里进行休闲活动的人数最少，各占 0.4%；离异居民在 6 公里以上进行休闲活动的人数最少，接近 0%；丧偶居民在 2 公里以上进行休闲活动的人数最少，接近 0%（见图 4-20）。

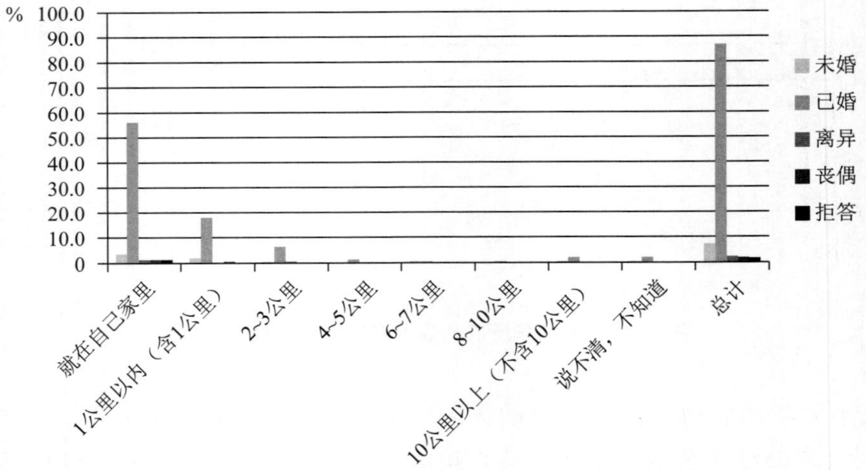

图 4-20　不同婚姻状况农村居民农忙时休闲空间结构

对于不同婚姻状况农村居民农忙时的休闲空间对比分析，本研究主要统计了已婚、未婚和离异三个群体的居民。其中，已婚居民受家庭因素制约较大，休闲时间可能要处理家庭事务及照顾老人孩子，休闲半径在 3 公里以外的比例最低，为 7.2%；而未婚和离异居民时间充裕，休闲半径在 3 公里以外的比例分

别为 20.0% 和 9.1%（见表 4-20）。可见，各婚姻状况的农村居民在农忙时的休闲半径大多数都在 3 公里以内。

表 4-20　不同婚姻状况农村居民农忙时休闲半径分配（以 3 公里为节点）

单位：%

	未婚	已婚	离异	丧偶
3公里以内	80.0	92.8	90.9	—
3公里以外	20.0	7.2	9.1	—

（二）农村居民农闲时休闲空间研究

1. 农闲时休闲活动仍主要集中在家庭和周边地区，但远距离休闲有所增加

从农村居民在农闲时的休闲空间来看，农村居民在农闲时的可自由支配时间较农忙时宽裕，居民的休闲空间主要是在家里，比重为 52.1%；其次是 1 公里以内的休闲活动，比重为 22.1%；两者加起来达到了 74.2%。农村居民农闲时休闲半径在 1 公里以上的比重仅为 25.8%，说明农村居民农闲时的休闲活动主要集中在家庭和周边地区，远距离的休闲活动相对较少，而且农村居民毕竟没有城镇居民的交通方便、时间充足和经济能力支撑，所以即使农闲时休闲半径也没有比农忙时有显著增加。与 2012 年相比，2017 年农村居民农闲时居家休闲的比重由 55.2% 降低到 52.1%，10 公里以上休闲活动比重由 2.5% 增长到 7.9%。总体来看，仍以居家休闲为主，远距离休闲有所增加（见图 4-21、表 4-21）。

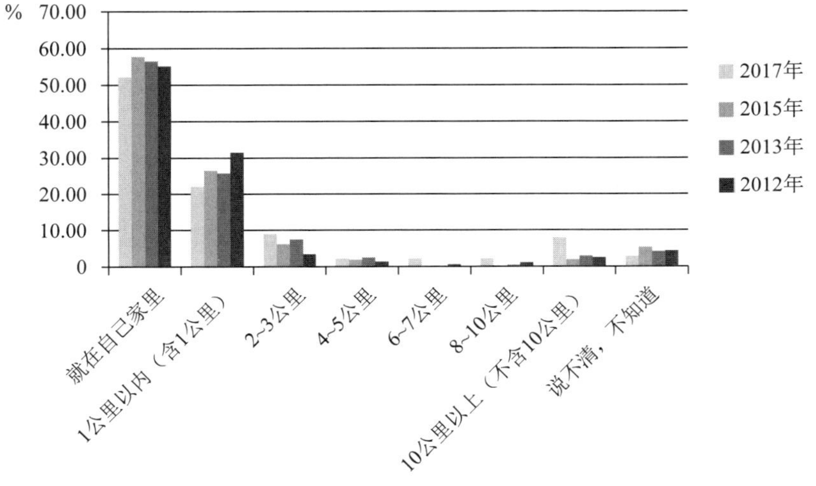

图 4-21　农村居民农闲时休闲空间结构

表 4-21　2012—2017 年农村居民农闲时休闲空间比较

单位：%

休闲空间	2017年	2015年	2013年	2012年
就在自己家里	52.1	57.8	56.6	55.2
1公里以内（含1公里）	22.1	26.5	25.8	31.5
2~3公里	9.0	6.2	7.5	3.4
4~5公里	2.1	1.9	2.5	1.4
6~7公里	2.1	0.2	0.2	0.6
8~10公里	2.1	0.2	0.4	1.1
10公里以上（不含10公里）	7.9	1.9	2.9	2.5
说不清，不知道	2.8	5.3	4.1	4.3

2. 男性和女性休闲半径不存在明显差异

对于不同性别农村居民来说，农闲时的休闲半径选择略有差异，但总体上都是在离家较近的地方休闲。细分来看，男性和女性居民居家休闲的比例最大。男性居民在 4~10 公里进行休闲活动的人数最少，共占 3.1%；女性居民在 4~10 公里进行休闲活动的人数最少，共占 3.1%（见图 4-22）。

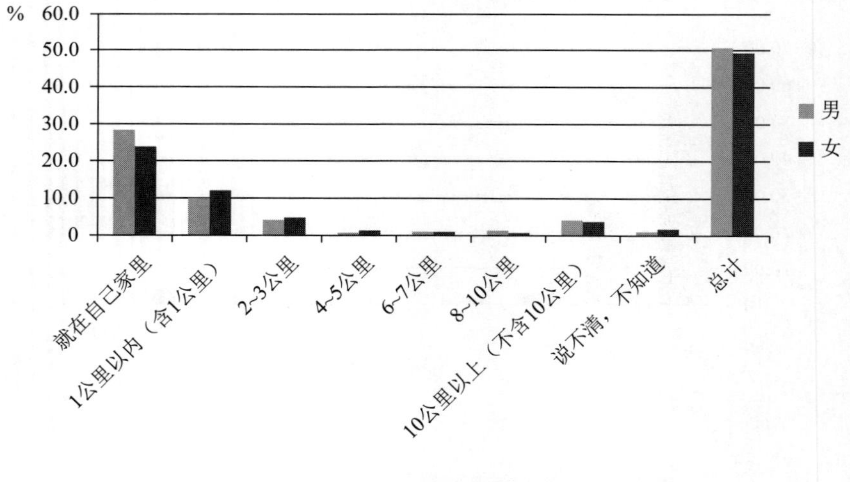

图 4-22　不同性别农村居民农闲时休闲空间结构

从不同性别农村居民的休闲半径来看，女性居民休闲半径在 3 公里以内的比重占到 82.5%，男性这一比例为 83.7%（见表 4-22）。由此可见，3 公里以内休闲空间男性和女性基本相当，不存在明显差异，表明农村女性的社会地位在不断提高，居民更多的是以家庭为单位进行休闲活动。

表 4-22　不同性别农村居民农闲时休闲半径分配（以 3 公里为节点）

单位：%

	男	女	合计
3公里以内	83.7	82.5	83.1
3公里以外	16.3	17.5	16.9

3. 休闲半径随年龄呈递减趋势

从不同年龄段农村居民的休闲空间来看，在农闲时各年龄段的农村居民休闲半径有一定的差异，总体上随半径增大人数递减，但休闲半径在 10 公里以上的人数又有所增加。细分来看，各年龄段的居民居家休闲的人数最多。15~29 岁的居民休闲半径在 2~10 公里的人数最少，共占 3.8%；30~44 岁的居民休闲半径在 6~7 公里的人数最少，接近 0%；45~59 岁的居民休闲半径在 6~10 公里的人数最少，占 0.3%；60 岁及以上的居民休闲半径在 4 公里以上的人数最少，共占 0.3%（见图 4-23）。

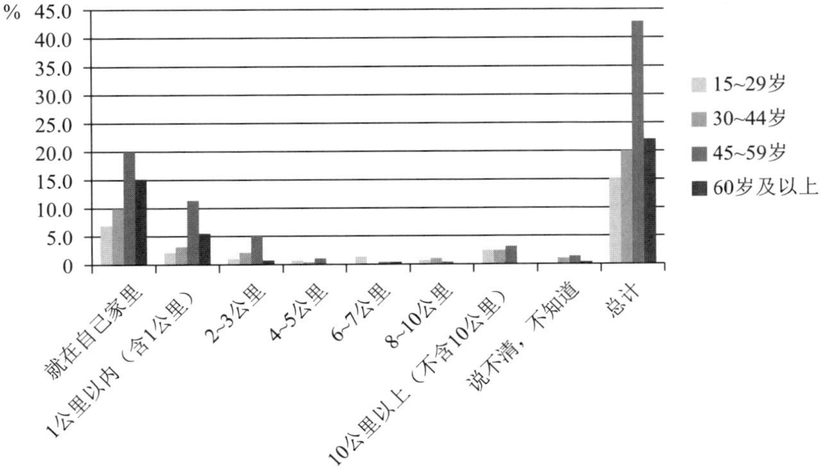

图 4-23　不同年龄段农村居民农闲时休闲空间结构

从不同年龄段农村居民的休闲空间对比来看，15~29 岁的年轻人受到家庭因素的制约较小，休闲半径较大，休闲半径在 3 公里以外的比例最高，为 34.1%；60 岁及以上的老年人虽然休闲时间更充裕，一般身体状况也较好，但真正农闲时，老年人可能会选择传统的休闲项目，如下棋、聊天、打牌等，故休闲半径最低，为 3.1%；30~44 岁和 45~59 岁年龄段的农村居民，休闲半径介于两者之间（见表 4-23）。

表 4-23　不同年龄段农村居民农闲时休闲半径分配（以 3 公里为节点）

单位：%

	15~29岁	30~44岁	45~59岁	60岁及以上
3公里以内	65.9	75.9	85.5	96.9
3公里以外	34.1	24.1	14.5	3.1

4. 3 公里以内居民休闲比重随学历递减，3 公里以外居民休闲比重随学历递增

从不同学历农村居民农闲时的休闲空间来看，学历不同，其休闲空间结构也不同。由于在农村学历较高的人群相对较少，因此其统计意义不大，主要统计的是大学本科以下的学历人群。细分来看，各个学历的居民居家休闲人数最多。小学及以下学历居民休闲空间在 4~10 公里的人数最少，共占 0.7%；初中学历居民休闲空间在 4~10 公里的人数最少，共占 1.3%；高中、中专、技校学历居民休闲空间在 6~10 公里的人数最少，共占 1.0%；大学专科居民休闲空间在 4~7 公里的人数最少，接近 0%；大学本科居民休闲空间在 2~10 公里的人数最少，共占 1.3%（见图 4-24）。

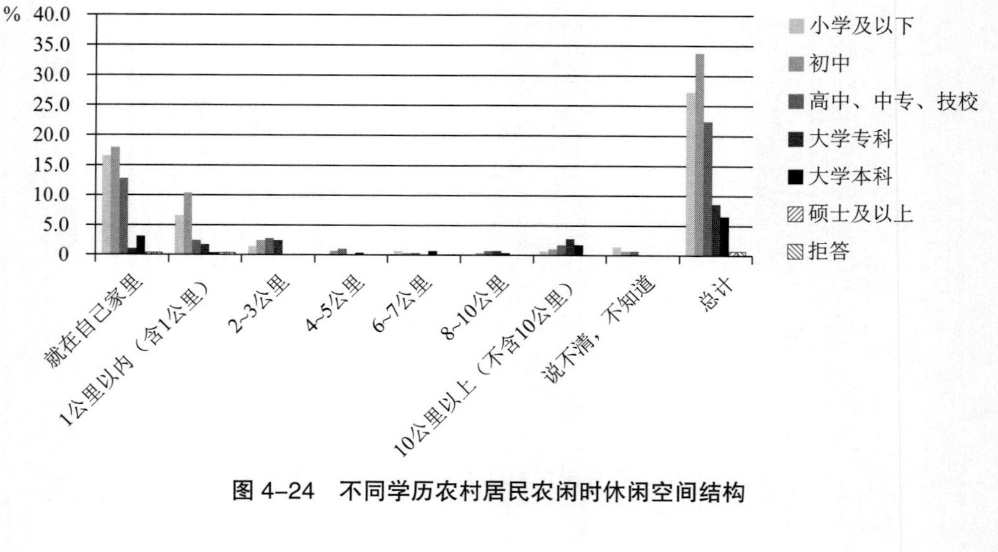

图 4-24　不同学历农村居民农闲时休闲空间结构

从不同学历农村居民农闲时的休闲空间对比来看，由于农村居民整体学历不高，大都为小学到高中学历，在农闲时，其休闲主要集中在整个农村的活动范围，其休闲方式亦有限。其休闲半径与学历呈现明显的正相关关系。本科学历的人群在 3 公里以外的比例为 47.4%，相对大于其他学历的居民（见表 4-24）。这表明，学历越高的居民接触到的休闲途径越多，休闲方式越多样化；反之，学历较低的居民的休闲方式相对较为单一。

表 4-24　不同学历农村居民农闲时休闲半径分配（以 3 公里为节点）

单位：%

	小学及以下	初中	高中、中专、技校	大专	本科	硕士及以上
3公里以内	89.9	90.8	80.0	60.0	52.6	—
3公里以外	10.1	9.2	20.0	40.0	47.4	—

5. 已婚居民休闲半径较小，未婚和离异居民休闲半径较大

从不同婚姻状况农村居民农闲时的休闲空间来看，婚姻状况不同，其休闲半径有一定差异，总体上在离家较近的地方进行休闲活动。细分来看，各婚姻状况的居民居家休闲的人数最多。未婚休闲半径在 2~3 公里和 4~5 公里的人数最少，各占 0.3%；已婚居民休闲半径在 4~7 公里的人数最少，每个细分半径内分别为 1%；离异居民休闲半径除 4~5 公里外人数最少，接近 0%；丧偶居民休闲半径在 1 公里以上的人数最少，接近 0%；拒答的居民除了居家休闲外，其他人数都较少，接近 0%（见图 4-25）。

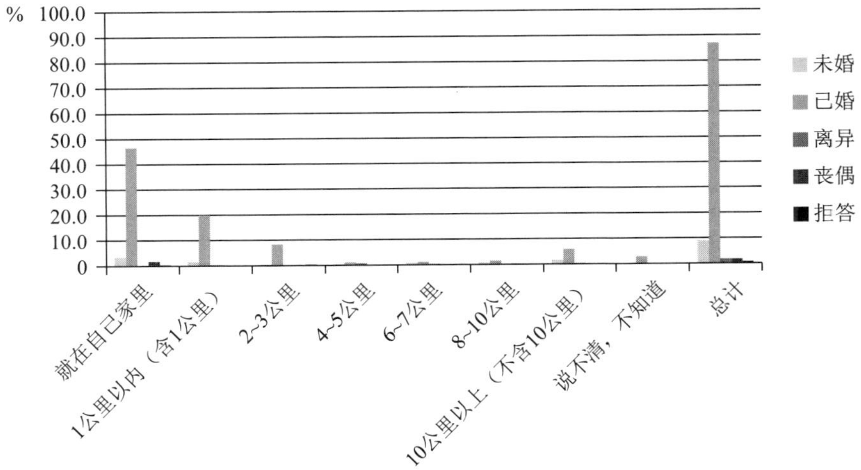

图 4-25　不同婚姻状况农村居民农闲时休闲空间结构

从不同婚姻状况农村居民农闲时的休闲空间对比来看，已婚居民受家庭因素制约较大，休闲时间可能要处理家庭事务及照顾老人孩子，休闲半径在 3 公里以外的比例最低，为 13.9%，但也高于农忙时的休闲半径；而未婚和离异居民时间充裕，休闲半径在 3 公里以外的比例分别为 38.5% 和 80%；丧偶居民由于身心约束，基本以居家休闲为主（见表 4–25）。

表 4–25　不同婚姻状况农村居民农闲时休闲半径分配（以 3 公里为节点）

单位：%

	未婚	已婚	离异	丧偶
3公里以内	61.5	86.1	20.0	100.0
3公里以外	38.5	13.9	80.0	0.0

三、退休居民休闲空间研究

随着我国居民生活品质的不断提高，卫生条件的不断改善，医疗水平的不断提升，退休后的居民大都还身体健康，而且都有一定的积蓄。其中很多退休居民不仅有退休金，还有子女定期的补贴，所以该群体成为当前一个非常大的休闲群体。基于此，本研究对不同特征群体的退休居民的休闲空间进行了研究。

1. 退休居民休闲半径总体以近距离为主

由于退休居民的休闲时间较多，可以自由选择休闲时间和休闲方式。从调查结果来看，退休居民也是以近距离休闲为首要选择。分析其原因，主要与该群体经济观念相对保守有关；另外，部分退休居民年龄较大，行动不便，故休闲空间也相对较小。从不同休闲半径细分来看，居家休闲的退休居民最多，占 47.3%；在 1 公里以内休闲的退休居民人数次之，占 26.8%；前两者总共占 74.1%。而在 1 公里以外休闲的人数总共占 25.9%，这一比例虽比较小，但总体相对农村居民休闲半径有所上升。另外，退休居民在 6~7 公里和 8~10 公里休闲的人数最少，总共占 1.8%。与 2013 年相比，2017 年远距离休闲的人数比例由 3.8% 增加到 6.1%，总体上仍以近距离休闲为主（见图 4–26、表 4–26）。

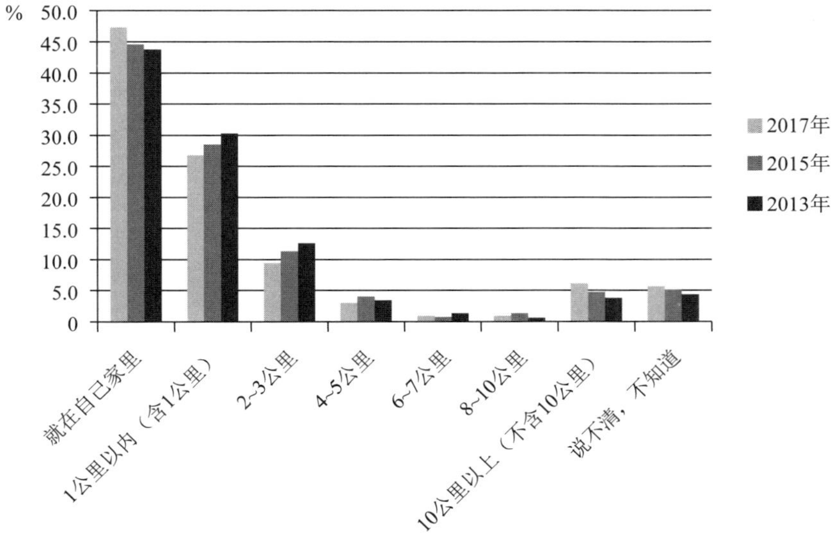

图 4-26 退休居民休闲空间结构

表 4-26 退休居民休闲空间比较

单位：%

休闲空间	2017年	2015年	2013年
就在自己家里	47.3	44.6	43.8
1公里以内（含1公里）	26.8	28.5	30.3
2~3公里	9.4	11.3	12.6
4~5公里	3.0	4.0	3.4
6~7公里	0.9	0.7	1.3
8~10公里	0.9	1.3	0.6
10公里以上（不含10公里）	6.1	4.7	3.8
说不清，不知道	5.7	5.1	4.3

2. 女性休闲半径小于男性

从不同性别退休居民的休闲空间来看，总体上其趋势大致相同，都偏向于在离家较近的地方休闲。细分来看，男女居家休闲的人数最多。男性在6~7公里休闲的人数最少，占 0.5%；女性在 8~10 公里休闲的人数最少，占 0.2%（见图 4–27）。

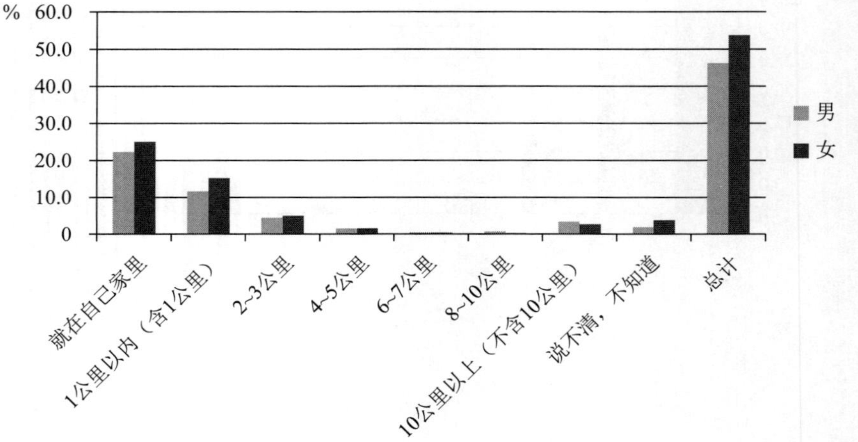

图 4–27　不同性别退休居民休闲空间结构

从不同性别退休居民的休闲空间对比来看，女性居民休闲半径在 3 公里以内的比例为 84%，而男性这一比例为 82.9%，两者的比重都很大，但明显女性的休闲半径总体小于男性（见表 4–27）。原因在于：女性更易受到家庭事务和照顾小孩等的限制，即使退休，做家务也会占去大部分时间，即使休闲也只能局限于家中，主要进行家庭范围内的休闲和休闲半径较小的其他休闲活动。

表 4–27　不同性别退休居民休闲半径分配（以 3 公里为节点）

单位：%

	男	女
3公里以内	82.9	84.0
3公里以外	17.1	16.0

3. 3 公里以内居民休闲比重随学历波动递减，3 公里以外居民休闲比重随学历波动递增

从不同学历退休居民的休闲空间来看，总体上学历越高，其休闲半径越大。细分来看，各个学历的居民居家休闲的人数最多。小学及以下学历居民休闲空间在 6~10 公里的人数最少，总共占 0.2%；初中学历居民休闲空间在 6~7 公里

的人数最少，占 0.1%；高中、中专、技校学历居民休闲空间在 6~7 公里的人数最少，占 0.2%；大学专科学历居民休闲空间在 6~7 公里的人数最少，占 0.2%；大学本科学历居民休闲空间在 6~7 公里的人数最少，占 0.1%；硕士及以上学历居民休闲空间在 4~7 公里和难以回答的人数最少，接近 0%；拒答的居民休闲空间在 4 公里以上的人数最少，接近 0%（见图 4–28）。

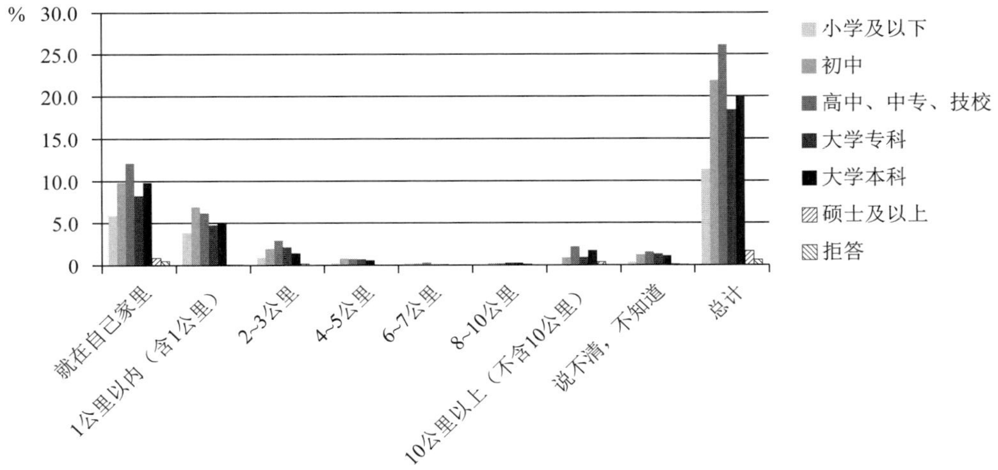

图 4–28　不同学历退休居民休闲空间结构

从不同学历退休居民的休闲空间对比来看，退休居民的总体学历较为均衡，各个学历层次都有分布，总体上学历程度越高的居民在 3 公里以外的人数比例越大。其中，硕士及以上学历的居民在 3 公里以外的人数最多，共占 34.5%；小学及以下学历的居民在 3 公里以内的人数最多，占 92.9%（见表 4–28）。这表明，退休居民的休闲半径与学历存在着一定的相关关系。

表 4–28　不同学历退休居民休闲半径分配（以 3 公里为节点）

单位：%

	小学及以下	初中	高中、中专、技校	大学专科	大学本科	硕士及以上
3公里以内	92.9	85.4	81.2	82.3	81.4	65.5
3公里以外	7.1	14.6	18.8	17.7	18.6	34.5

四、小结与展望

通过对 2017 年城镇居民、农村居民和退休居民休闲空间的综合分析，可以看出，不论是城镇居民、农村居民还是退休居民，他们的休闲空间或多或少都受到性别、年龄、婚姻状况、学历等因素的影响。总体来讲，有以下几点特征：

第一，城镇居民工作日、双休日的休闲半径总体较短，节假日的休闲半径总体有所增加，10 公里以上居民休闲比例增长明显，社会人口特征对休闲半径有一定影响。工作日居家休闲的比例为 40.6%，周末和节假日期间居家休闲比例分别降低为 22.1% 和 17.2%；10 公里以上居民休闲比重，工作日为 4.8%，周末为 12.1%，节假日为 34.7%；呈现出休闲时间越多，休闲半径越大的特点。从人口结构来看，女性休闲半径除节假日期间比往年有所增加之外，总体上还是小于男性；年轻人休闲半径较大；已婚居民休闲半径较小，未婚居民休闲半径较大；低学历者休闲半径较小，高学历者休闲半径较大。

第二，农村居民的休闲半径随农闲和农忙而波动，农闲时的休闲半径要大于农忙时的休闲半径，但是总体上农村居民无论是农忙时还是农闲时的休闲半径都较小。农忙时和农闲时居家休闲的比重分别为 63.5% 和 52.1%，10 公里以上居民休闲比重分别为 2.7% 和 7.9%。从人口结构来看，女性休闲半径较小；年轻人休闲半径相对最大，随年龄呈递减趋势；高中、中专、技校学历的居民休闲半径较大；已婚居民休闲半径较小，未婚居民休闲半径较大。

第三，退休居民休闲半径总体以近距离为主。居家休闲比例为 47.3%，10 公里以上居民休闲比重为 6.1%。女性居民休闲半径小于男性；大学本科学历居民的休闲半径最大。

第五章

国民休闲发展的环境与建议

一、经济社会环境分析

（一）经济发展水平分析

1. 经济总量上升

近年来，我国经济始终保持平稳较快的发展，经济总量不断增加，国内生产总值（GDP）、人均 GDP 连年递增。人民生活水平不断提高，为休闲产业的发展提供了良好的宏观经济条件。

根据国家统计局公布的数据显示，2000 年，我国国内生产总值达到 100 280 亿元，2005 年达到 185 999 亿元，2010 年已达到 411 265 亿元。到 2015 年底，我国国内生产总值已经达到 689 052 亿元，比上年增长 6.9%。2016 年初步核算，全年国内生产总值 744 127 亿元，比上年增长 6.7%（见图 5–1）。国家经济始终保持高昂的势头快速发展，国家财力不断增加。

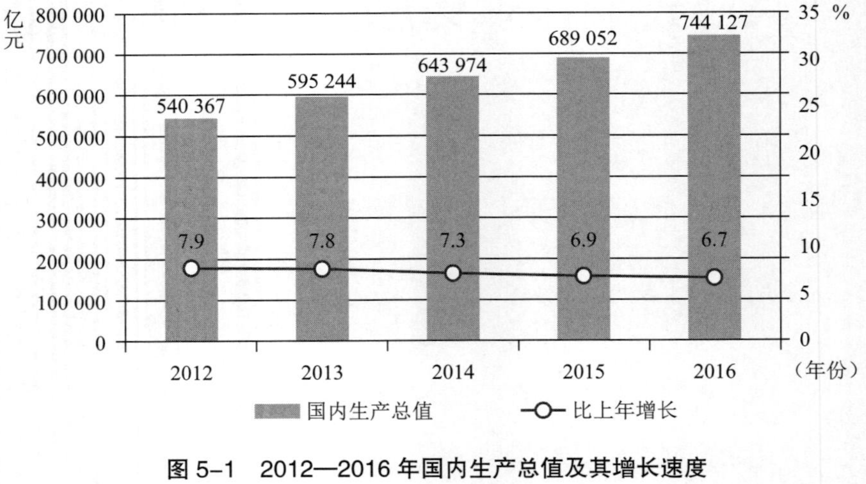

图 5–1　2012—2016 年国内生产总值及其增长速度

2. 收入水平提高

经济的高速发展使我国居民的经济状况得到全面改善，城乡居民的收入水平大幅度提高。人均可支配收入持续上涨，居民的消费水平提高，家庭恩格尔系数不断下降，城乡居民用于休闲等项目的消费比重增加。

改革开放以来，我国的经济高速发展，人民生活水平得到巨大改善。1978 年，我国国民总收入仅有 3678.7 亿元，其中农村居民人均纯收入仅有 133.6 元，城镇居民人均可支配收入仅有 343.4 元；2016 年，我国国民总收入已达 742 352 亿元，是 1978 年的 202 倍，其中城镇居民人均可支配收入为 33 616 元，是 1978 年的 98倍；农村居民人均纯收入为 12 363 元，是 1978 年的 93 倍（见图 5-2 至图 5-4）。人均可自由支配收入的不断增长、生活质量的不断改善，极大地增强了休闲产业消费市场的潜力，促进我国休闲消费持续走高。

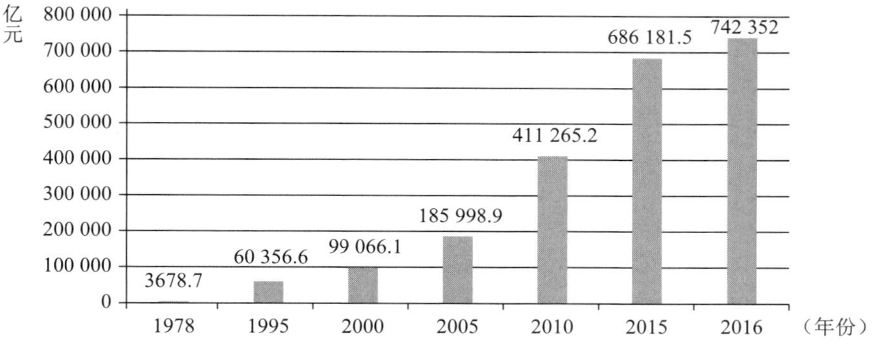

图 5-2　1978—2016 年我国国民总收入

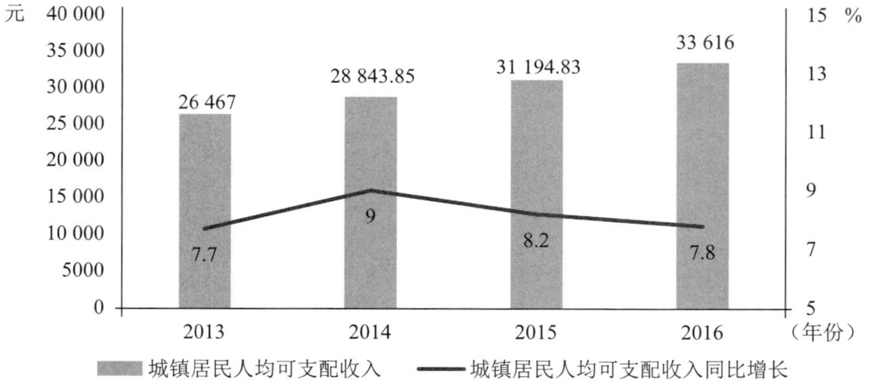

图 5-3　2013—2016 年我国城镇居民人均可支配收入及其增长速度

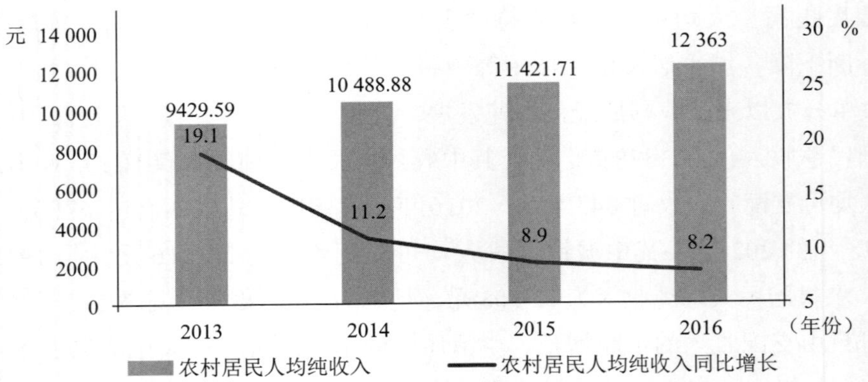

图 5-4　2013—2016 年我国农村居民人均纯收入及其增长速度

随着经济发展和收入水平的提高，我国城乡居民恩格尔系数不断下降，用于非食品类的消费比重不断增加。2016 年，我国居民家庭恩格尔系数为 30.1%，比上年下降 0.5 个百分点。其中，城镇居民家庭恩格尔系数为 29.3%，比 1978 年的 57.5% 下降了 28.2 个百分点；农村居民家庭恩格尔系数为 32.2%，比 1978 年的 67.7% 下降了 35.5 个百分点（见图 5-5）。联合国将恩格尔系数高低作为评价国家生活水平的重要指标之一，指出恩格尔系数在 30%~40% 为富裕型。目前，我国城乡家庭恩格尔系数均降到 40% 以下，城镇和农村的家庭恩格尔系数差距逐渐缩小，农村居民生活水平不断提高，居民生活水平逐步跨入富裕型阶段。

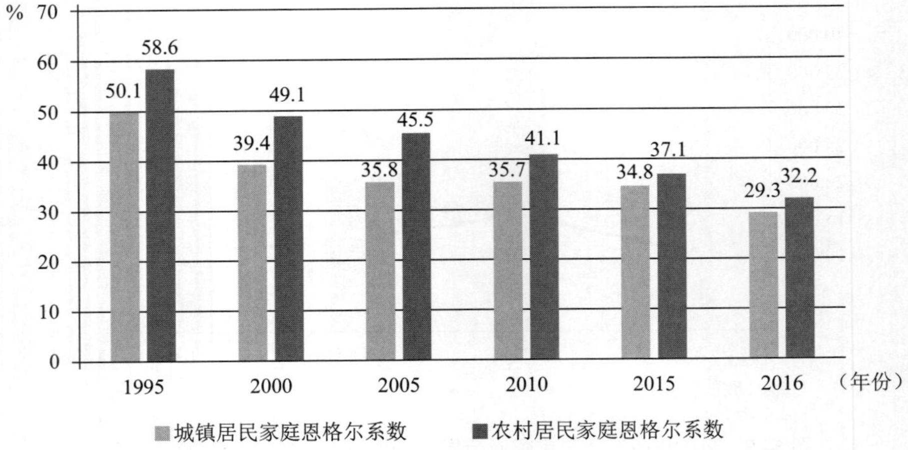

图 5-5　1995—2016 年我国城乡居民家庭恩格尔系数

随着城乡居民生活水平的逐步改善，居民的消费结构不断发生变化，享受型消费的比重逐步增加，为休闲产业的高速发展打下坚实基础。

3. 休闲产业水平提升

随着经济发展和人们收入的增长，居民的休闲需求不断增加，休闲业也随之高速发展，各类休闲企业的数量不断增多，相应的服务也逐步完善。以服务业为主要特点的第三产业产值不断增加，各类现代服务业高速发展。

根据国家统计局公布的信息显示，2015 年我国国内生产总值增长 6.9 个百分点，第三产业对国内生产总值增长的拉动达到 3.7 个百分点，这是第三产业对我国国内生产总值增长的拉动程度首次超过第二产业（2.9 个百分点）；对 GDP 的贡献率达到 52.9%，首次超过第二产业（42.4%）；第三产业增加值达到 50.2%，首次超过我国国内生产总值半数。2016 年全年国内生产总值达到 744 127 亿元，比上年增长 6.7%，其中第三产业增加值 384 221 亿元，增长 7.8%，第三产业增加值比重为 51.6%，再次提高 1.4 个百分点。第三产业在我国经济中占据的地位不断提高。

2016 年，服务业成为我国投资最多的领域。在投资增速总体趋缓的形势下，服务业投资仍保持两位数增长，完成固定资产投资 345 837 亿元，比上年增长 10.9%，增速高出第二产业 7.4 个百分点；服务业固定资产投资占全部固定资产投资比重为 58.0%，比上年提高 1.4 个百分点，高出第二产业 19.1 个百分点；服务业新增投资占全部新增投资的 76%[①]。2016 年我国住宿和餐饮业固定资产投资已达 5947 亿元，是 2003 年的 18.5 倍；文化、体育和娱乐业固定资产投资已达 7830 亿元，是 2003 年的 16.3 倍（见图 5-6）。休闲业相关产业投资额在 13 年的时间里均增长了 15 倍以上，促进了休闲产业整体水平不断提升。

① 许剑毅 . 2016 年我国服务业持续快速增长 . http://www.stats.gov.cn/tjsj/sjjd/201701/t20170122_1456772.html.

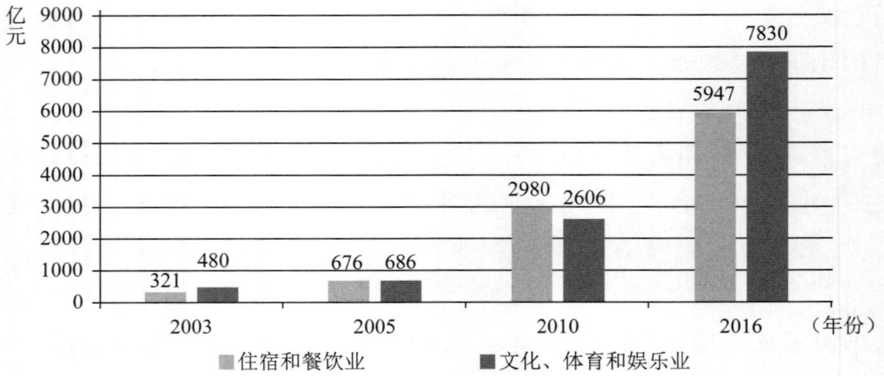

图 5–6　2003—2016 年部分休闲行业固定资产投资

（二）社会条件分析

1. 基础设施和公共服务完善

随着居民生活水平的提高，选择外出旅游休闲的人数不断增加。为了满足国民的出行需求，我国交通设施日渐完善，逐步形成四通八达的交通网。出行的便捷为休闲旅游业的高速发展打下了坚实的基础。

2015 年，我国铁路运输业固定资产投资已达 53 208.56 亿元，较 2005 年的 6357.52 亿元增长了 7.3 倍；道路运输业固定资产投资已达 110 126.3 亿元，较 2005 年的 20 333.18 亿元增长了 4.4 倍；航空运输业固定资产投资已达 4784.21 亿元，较 2005 年的 1344.54 亿元增长了 2.6 倍。

2016 年作为“十三五”规划的开局之年，铁路建设继续保持高速发展，全国铁路营业里程达到 12.4 万公里，比上年增长 2.5%，其中高铁营业里程超过 2.2 万公里。随着沪昆高铁全线开通，我国“四纵四横”高铁网基本成形。全国公路总里程 469.60 万公里，比上年增加 11.87 万公里；高速公路里程 13.10 万公里，比上年增加 0.75 万公里（见表 5–1）；国家级高速公路 9.92 万公里，增加 1.96 万公里。颁证民用航空机场 218 个，比上年增加 8 个，其中定期航班通航机场 216 个，定期航班通航城市 214 个。年旅客吞吐量达到 100 万人次以上的通航机场有 77 个，比上年增加 7 个，年旅客吞吐量达到 1000 万人次以上的通航机场有 28 个，增加 2 个①。

① 数据来源：2016 年交通运输行业发展统计公报。

我国交通基础设施基本完善，综合交通运输体系基本形成，为国民出行提供了极大的便利，拓展了国民休闲范围，为国民潜在消费转化为现实消费提供了有力支撑。

表 5-1 1978—2016 年我国交通运输路线长度

单位：万公里

年份	公路里程	高速公路里程	铁路营业里程	民运航空国内航线里程
1978	89.02	—	5.17	14.90
1995	115.70	0.21	6.24	75.08
2000	133.60	1.94	7.01	99.89
2005	159.18	4.10	7.54	114.26
2010	400.82	7.41	9.12	169.50
2015	457.73	12.35	12.10	292.27
2016	469.60	13.10	12.40	—

随着居民物质生活水平的提高，人们对于精神层面的追求随之增加。国家为了满足居民在体育、文化、娱乐等方面的相关休闲需求，在有关设施上不断加大投入。多种休闲娱乐健身场所的出现，使得居民的休闲方式不断增加、休闲内容不断丰富。

新型城镇化、休闲农业的普及使得城乡基础休闲设施不断完善，城乡的公共服务质量和水平不断提升，在国家的支持下，文化娱乐场馆和体育休闲设施有所增加。2015 年，我国共有公共图书馆 3139 个，其中县图书馆 1988 个；博物馆 3852 个；国家综合档案馆 3322 个；艺术表演场馆 2143 个，其中综合性艺术表演场馆 273 个；艺术团体演出场次达 210.78 万场次，其中农村演出场次达到 139.08 万场次；群众文化服务机构 44 291 个，举办展览 1.4 万次；有线广播电视用户数达到 23 567 万户，其中农村有线广播电视用户达到 8250 万户，占家庭总户数的 33.5%，同比增长 2 个百分点。

近年来，我国体育事业高速发展，极大地提高了国民的体育健身热情。2016 年，我国运动员在里约奥运会上大放异彩，获得 26 枚金牌，奖牌总数达到 70 枚，列奥运会金牌榜第三位，奖牌榜第二位。随着消费意识的转变和对健身概念的不断推广，国民对于健身休闲消费的热情与日俱增，我国城乡公共体育设施不断增加。截至 2015 年，我国体育固定资产投资已达 1031.83 亿元。根据国务院印发的《全民健身计划（2016—2020 年）》，政府将安排一定比例的彩票公益金等财政资金，通过设立体育场地设施建设专项投资基金和政府购买服务等方式，鼓励社会力量投资建设体育场地设施，支持群众健身消费。

城乡休闲基础设施的不断完善将更好地满足居民的休闲需求，为居民提供更为广阔的休闲空间和更多的休闲选择。

2. 信息技术发展

信息基础设施建设与完善为国民休闲提供了强大的推动力，互联网的高速发展为休闲产业带来了颠覆性的变化。网络为居民提供了更为便捷的服务、更为迅捷的信息、更多种类的休闲活动方式，为休闲产业的持续发展创造了极为有利的条件。

目前，上网是我国居民最常见的休闲方式之一。信息技术的发展带来多样化的休闲方式，例如近年来兴起的网络直播等。各类娱乐软件层出不穷，网络游戏行业平稳发展，移动游戏的用户规模和使用率不断增长。根据第 39 次《中国互联网络发展状况统计报告》，截止到 2016 年底，我国网民规模达到 7.31 亿，手机网民规模达 6.95 亿，占比达 95.1%。互联网普及率为 53.2%，超过全球平均水平 3.1 个百分点，其中城镇地区互联网普及率为 69.1%，农村地区互联网普及率为 33.1%。我国网络购物用户规模达到 4.67 亿，手机网络购物用户规模达到 4.41 亿，网上支付用户规模达到 4.69 亿，年增长率为 31.2%。总规模达到 2.99 亿，较 2015 年底增长 3967 万，增长率为 15.3%。其中，手机预订机票、酒店、火车票和旅游度假产品的网民规模达到 2.62 亿，较 2015 年底增长 5189 万人，增长率为 24.7%。我国网民使用手机进行在线旅行预订的比例由 2015 年的 33.9% 提升至 37.7%。

2015 年政府工作报告中首次提出“互联网 +”的概念。“互联网 +”时代的到来为我国居民的休闲消费带来了极大的改变，居民能够通过移动网络随时获取大量信息，降低信息获取成本；同时，随着云计算、大数据等新兴技术的普及，商家能够根据有关数据，针对居民的消费偏好、消费需求提供更加精准的服务、更符合需求的休闲产品。

3. 思想观念有所改变

改革开放以来，我国城乡居民的生活水平不断提高，传统的消费观念得以转变。由于过去我国较为贫穷，人民生活水平较低，对未来的生活缺乏安全感，因此人们崇尚节俭；而在改革开放后，我国社会经济发展迅速，人们收入水平稳步提升，居民对于未来生活预期乐观，因而国民的消费水平和消费欲望逐步提高，愿意将更多的收入用于享乐型消费。

随着经济水平的逐步提升，以及我国社会物质生产水平的提高，居民对于生活质量的要求也随之增高。休闲消费作为休闲主体获得自由发展和身心愉悦的重要方式，能够激发人们意志和自由发展的能力，使人的个性得以发展，适当地参与休闲活动能够有效提高居民的生活质量。人们对于休闲活动的认识更加全面客观，从过去只注重工作逐步转变成休闲工作并重。国民思维模式和生活方式的变化推动着我国休闲产业的不断发展。

（三）政策法律环境分析

1. 全国性的政策文件

旅游休闲业作为休闲产业的重要组成部分，得到了国家的高度重视，国家相继出台了有关文件以支持旅游休闲产业的发展。2001 年 4 月，国务院下发《关于进一步加快旅游业发展的通知》，致力将我国建设成为世界旅游强国；2009 年 12 月，国务院发布《关于加快发展旅游业的意见》，力图把旅游业作为新兴产业和新的经济增长点加以培育、重点扶持；2013 年 2 月颁布《国民旅游休闲纲要（2013—2020 年）》，指出未来几年我国旅游休闲的发展目标和实施措施；2014 年 8 月，《国务院关于促进旅游业改革发展的若干意见》中将旅游发展的重点任务切实落实到各个单位，明确时间期限；2015 年 8 月，国务院办公厅印发《关于进一步促进旅游投资和消费的若干意见》，针对促进旅游投资和消费提出具体意见；2016 年 12 月，《“十三五”旅游业发展规划的通知》中指出旅游业已经全面融入国家战略体系，并对“十三五”时期旅游业的发展做出具体指导；2017 年 2 月发布的中央一号文件指出，要大力发展乡村休闲旅游产业，这足以看出旅游业对经济的拉动促进作用巨大。

必要的休闲时间是保证国民休闲的基础。我国《劳动法》第三十六条明确规定，国家实行劳动者每日工作时间不超过八小时、平均每周工作时间不超过四十四小时的工时制度；第三十八条指出，用人单位应当保证劳动者每周至少休息一日。2008 年 1 月，《职工带薪年休假条例》正式实施，为休假制度提供政策法律上的支持，进一步维护职工休息休假权利，增加了国民的休闲时间。

2. 地方政府实施细则

在国家宏观层面的政策指引下，各地方政府结合各地的具体情况，因地制宜，出台相关的政策文件，推进当地休闲产业的发展。

2011 年 8 月，《山东省国民休闲发展纲要》发布，这是我国首个以“纲要”形式颁布实施的全民休闲促进性文件，文件要求开放公共休闲资源，落实带薪休假制度，引导居民更广泛地参与休闲活动。2012 年 11 月，苏浙沪皖三省一市旅游局联合签署了《共同推进长三角休闲度假旅游发展合作协议》，努力提升休闲度假旅游发展水平，着力打造休闲度假旅游产品体系。2015 年 11 月，西宁市政府出台《关于促进旅游业改革发展的实施意见》，提出要将西宁打造成为丝绸之路经济带上独具特色的国际旅游城市，打造设施完善、环境优美的青藏高原特色旅游服务基地。2016 年 3 月，湖南省人民政府办公厅印发《湖南省消费导向性旅游投资促进计划》，着力在 2020 年将旅游业打造为战略性支柱产业，实现旅游经济强省的目标。2017 年 3 月，云南省旅游产业发展领导小组印发《云南省露营地与自驾游专项规划（2016—2030 年）》的通知，顺应自驾游市场发展的现实需要，努力建设旅游强省。2017 年 3 月，安徽省人民政府办公厅印发《安徽省“十三五”旅游业发展规划》，表示将以“旅游 +”为路径，提升产业发展空间，打造旅游产业发展新格局，力争在 2020 年培育 5~10 个世界级文化旅游品牌。

3. 社会保障制度完善

社会保障制度的不断完善为我国居民的基本生活带来了保障，使居民对于未来生活有乐观预期，从而减少预防性储蓄，增加享乐型消费，释放社会的消费潜力，促进休闲产业的发展。

近年来，我国着力建立覆盖城乡居民的社会保障体系，深入推进社会保障制度改革，使社会保险范围持续扩大，参保人数平稳增长，加速健全建设“多支柱、全覆盖、更加公平、更可持续”的社会保障体系。2016 年，我国参加职工基本医疗保险的人数已达 29 524 万，参加失业保险的人数为 18 089 万，参加工伤保险的人数达 21 887 万，参加生育保险的人数达到 18 443 万（见表 5–2）。

表 5-2　1995—2016 年我国社会保险基本情况

单位：万人

年份	参加失业保险人数	参加职工基本医疗保险人数	参加工伤保险人数	参加生育保险人数
1995	8237.7	745.9	2614.8	1500.2
2000	10 408.4	3787.0	4350.3	3001.6
2005	10 647.7	13 782.9	8478.0	5408.5
2010	13 375.6	23 734.7	16 160.7	12 335.9
2015	17 326.0	28 893.2	21 432.5	17 771.0
2016	18 089.0	29 524.0	21 887.0	18 443.0

近年来，老年群体人数逐步增加，我国已经进入老龄化社会，为了更好地保障老年人的生活，我国积极开展应对人口老龄化行动，健全养老体系。2017 年，国务院印发《“十三五”国家老龄事业发展和养老体系建设规划》，指出未来一段时期内，我国要进一步健全老年社会福利，推进老年宜居环境建设。2016 年，我国城乡居民社会养老保险参保人数为 50 847 万，增加 375 万。

2016 年，各地响应“十三五”号召，全面落实中央关于改善民生和打赢脱贫攻坚战的要求，全面推进脱贫攻坚，全国财政专项扶贫资金投入超过 1000 亿元。提高低保、优抚、退休人员基本养老金等标准，为 1700 多万困难和中度残疾人发放生活或护理补贴。调查结果表明，全国居民人均社会救济扶贫和补助补贴收入增长 13.7%，其中农村居民人均获得的直接到户扶贫款增长 187.0%；人均从政府得到的实物产品和服务收入增长 30.4%；人均报销医药费增长 14.4%；人均离退休、养老金收入增长 12.9%[①]。

随着社会保障制度的逐步完善，低收入人员的收入水平逐步提升，贫困人口逐步减少，人们的消费预期与消费结构得以改变，消费需求逐步提升，从而进一步带动休闲产业的发展。

① 2016 年全国居民收入稳步增长　居民消费进一步改善 . http://www.stats.gov.cn/tjsj/sjjd/201701/t20170120_1456174.html.

二、国民休闲发展的趋势特征与问题

（一）国民休闲发展的趋势特征

根据 2012—2017 年对北京、上海、广州、成都、西安、长沙、沈阳、武汉、南京、杭州 10 大城市 3500 名城乡居民休闲行为进行的问卷调查，分析我国国民休闲发展的现状与趋势特征。

1. 休闲时间减少，成为制约休闲质量提升的最主要因素

2012—2017 年，我国居民的工作时间逐渐增加，使休闲时间呈快速减少趋势。2012 年我国城镇和农村居民分别有 1774 小时和 1766 小时的休闲时间，2017 年城镇和农村居民的平均休闲时间分别减少为 1407 小时和 1441 小时，减少幅度分别为 20.7% 和 18.4%。2012—2017 年，城镇居民工作日、周末和节假日的日均休闲时间分别减少了 1.42 小时、0.71 小时和 0.51 小时，农村居民农忙时和农闲时的日均休闲时间分别减少了 0.94 小时和 0.83 小时。

据 OECD 统计，2009 年德国、英国、美国和日本居民每年休闲时间总量分别为 2190 小时、2050 小时、1900 小时和 1577 小时，OECD 国家平均水平为 1892 小时。与发达国家相比，我国居民休闲时间总量有较大差距。

从发达国家的发展轨迹来看，劳动者工作时间随社会发展呈现出持续减少的趋势。从 1979 年至 2015 年，OECD 国家全职劳动者的年工作时间总量从 1921 小时下降到了 1766 小时。其中，德国全职劳动者 2015 年工作时间仅为 1371 小时。与发达国家相反，2012—2017 年，我国劳动者的工作时间逐渐增加。城镇全职劳动者的日均工作时间从 2012 年的 8.13 小时增加到 2017 年的 8.23 小时，相应地，年工作时间总量从 1968 小时增加到 1992 小时。农村劳动者每年从事农业劳动时间总量从 2012 年的 2502 小时增加到 2017 年的 2495 小时。

2012—2017 年，我国居民工作时间持续增加、休闲时间快速减少，与发达国家的差距不断拉大。调查结果显示，2017 年有 71.4% 的城镇居民和 66.0% 的农村居民表示“工作时间过长，工作过于劳累”，这是制约休闲质量提升的最主要因素。

2. 休闲空间范围不断扩大，居家休闲比重减小，户外休闲比重持续增加

第一，2012—2017 年，我国城镇居民的休闲空间范围不断扩大，居家休闲比重不断减小，户外休闲比重持续增加，特别是远距离休闲（离家 10 公里以上）比重增长迅速。2012 年，我国城镇居民工作日、周末和节假日的居家休闲

比重分别为47%、34.3%和29.7%，到了2017年相应比重分别下降为40.6%、22.1%和17.2%，越来越多的城镇居民在休闲时间走出家门，享受更为丰富多彩的户外休闲活动。2012年，我国城镇居民工作日、周末和节假日10公里以上休闲比重分别为4%、9.4%和22.5%，到了2017年相应比重分别上升为4.8%、12.1%和34.7%，旅游和郊野游憩成为越来越多城镇居民的重要休闲方式。

第二，2012—2017年，我国农村居民的休闲空间范围也有所扩大，主要表现为居家休闲比重下降，户外休闲比重相应增加，远距离休闲的比重缓慢增长。农村居民农忙时的居家休闲比重从2012年的69.9%下降到2017年的63.5%，但是，农忙时远距离休闲的比重一直低于3%。农闲时农村居民的远距离休闲的比重则提高到7.9%，要高于城镇居民工作日的远距离休闲比重。但是总体上，我国农村居民的休闲空间仍然主要集中在家庭内部，旅游和城市休闲尚未成为其主流休闲方式，城乡休闲空间的二元化差异显著。

3.休闲活动结构向“积极”方向转化，休闲活动多样化，休闲消费能力增强

第一，2012—2017年，我国城镇居民休闲活动结构的显著特征是旅游比重持续增加，文化娱乐、体育健身、餐饮购物比重相对稳定，家庭休闲活动比重不断降低。2012年，我国城镇居民在工作日、周末和节假日选择旅游的比重分别为1.1%、4.3%和20.2%，2017年则分别上升为8.3%、21.9%和34.3%，旅游作为异地的休闲方式受到城镇居民青睐。2012年，我国城镇居民在工作日、周末和节假日选择看电视、上网、闲聊等休闲活动的比重分别为51.1%、38.8%和33.3%，2017年相应比重大幅度下降，分别为41.2%、22.5%和26.0%。城镇居民的休闲活动正在从“消极”方向向“积极”方向转化，休闲活动多样化，休闲消费能力不断增强。

第二，2012—2017年，我国农村居民休闲活动结构的显著特征是旅游比重仍然极小，家庭休闲的支配性地位有所松动，越来越多的农村居民选择户外体育健身活动。我国农村居民选择旅游的比重从2012年的不足0.9%增长到2017年的8.6%，增长了8.6倍。2012年，我国农村居民在农忙时和农闲时选择家庭休闲活动的比重分别为73.7%和68.2%，到了2017年相应比重分别下降为69.4%和63.5%。旅游仍然不是农村居民的重要休闲活动，但农村居民休闲在向“积极”方向转化，散步、广场舞等体育健身活动受到青睐。农村居民的休闲消费能力仍有待提升，选择餐饮购物和文化娱乐等消费型休闲活动的农村居

民很少。

（二）国民休闲发展存在的主要问题

1. 休闲时间受到多方挤占而不断减少

首先，较长的工作时间挤占了休闲时间。我国处于经济社会转型期，多数劳动者将就业并获取报酬的权利放在休闲权利之上，同时我国劳动关系矛盾进入凸显期和多发期，劳动者在劳资关系中处于相对弱势地位，因此劳动者往往要主动或被动地延长工作时间。其次，繁重的家务劳动进一步占用休闲时间。我国的学前教育和长期照护公共服务体系尚不健全，照顾儿童、老人和病人的重担更多地落到家庭成员（特别是女性成员）身上。最后，我国劳动者实际享受的带薪年休假天数少于发达国家劳动者。虽然我国的《国民旅游休闲纲要》《职工带薪年休假条例》等法规制度将休息休假权利作为职工基本权利，但带薪休假的实际落实率较低，劳动者每年能享受的节假日天数极为有限。

2. 休闲空间呈点状零散分布，尚未联结形成网状休闲空间体系

首先，城市居住空间和休闲空间存在错位。我国城市土地的多功能使用程度不高，休闲设施的分布密度较低、规模等级体系不完备、休闲空间总体不足，导致居民离休闲设施较远，难以通过步行便利地使用各种休闲设施。其次，郊野休闲空间可进入性不强。我国城市郊野有广阔的森林、草原、湖泊、农田、山岳等休闲空间，但这些空间中的多数优质资源已被开发为旅游景区并收取门票，对于日常频繁休闲而言经济负担较重；其他休闲资源可进入性不强，少数“驴友”强行“探野路”存在巨大的安全隐患。最后，城乡休闲空间呈点状分布，并未通过街道或绿道串联形成网络状休闲空间体系，缺乏带状休闲空间。街道是城市最重要的公共空间，我国城市街道侧重于交通功能，街道过宽导致行人难以穿越，街道的休闲功能相对较弱。我国郊野的绿道较少，既难以解决郊野休闲资源的可进入性问题，又不能串联郊野的重要旅游休闲资源。

3. 休闲服务供给尚不完全匹配休闲需求

首先，缺乏统一的休闲发展规划。休闲设施由旅游、文化、体育、园林、林业、农业等部门分别规划建设，缺乏必要的顶层设计和部门协调，可能导致重复建设或服务缺位，难以应对统一的居民休闲需求。其次，休闲设施规划设计缺乏公众参与和需求调查。休闲设施的类型和功能极为复杂，如果依照全国统一标准“自上而下”规划建设，忽视居民诉求、地理环境、文化传承，则极有可能与需求脱节。最后，公共休闲资源商业开发导致居民难以进入。很多原

本开放的公共休闲资源被企业过度开发，企业为收回投资又收取高额门票，休闲消费具有重复性、频繁性的特点，对于居民每周都需享受的休闲资源，20 元门票每年就会带来上千元的沉重负担，陷入休闲资源越开发居民越无法进入的怪圈。有的公共休闲资源更是被私有化或仅向会员开放，向普通居民关闭了大门。

三、推进国民休闲发展的建议

（一）构建居民休闲时间保障体系

随着我国经济增长从要素和投资驱动变为技术和创新驱动，休闲在居民生活质量提升和创新型社会建设中的作用进一步凸显。政府应该培育居民的自主休闲意识，宣传休闲的重要性，积极营造和引导休闲舆论环境，促使居民从传统的、自发的、消极的休闲方式向现代的、自觉的、积极的休闲方式转变。

政府应将国民休闲当作全面建成小康社会的重要内容来积极发展，积极构建和谐的劳动关系，落实《国民旅游休闲纲要》《职工带薪年休假条例》等法规制度，将休息休假权利作为职工的基本权利贯彻下去。可以加强带薪休假落实情况监督检查，将休息休假权利纳入到单位的集体协商和集体合同制度中，职工全体与单位进行协商，增强职工在制定和实施休息休假制度中的话语权。可以鼓励建立包括工会和企业联合会、工商业联合会等企业代表组织在内的第三方组织，与职工和单位一起形成协调休息休假的三方机制，共同协商保障职工休闲权利。

政府还应进一步完善我国的学前教育和长期照护公共服务体系，缓解繁重家务劳动给居民带来的压力。发达国家为符合条件的家庭照护者提供了喘息式照护服务、带薪休假权利、经济报酬等公共服务，可供我国参考借鉴。

（二）构建总量充足、布局合理的网络状休闲空间体系

在中央城市工作会议提出的建设“紧凑城市”理念指引下，我国城市人口密度会进一步提升，在此背景下要提升城市宜居性，休闲空间的合理布局至关重要。城乡规划应更加重视休闲游憩内容，将旅游休闲规划纳入“多规合一”框架。增强土地的多功能使用程度，合理布局，合理匹配居住空间和休闲空间，鼓励封闭式住宅小区开放并共享休闲设施，鼓励各级学校开放体育设施，让居民在 5~10 分钟的步行距离内能便利地享受到各种生活休闲设施。例如，扬州市

规划让所有中心城区居民能够步行 10 分钟到达社区公园，骑车 10 分钟到达区级综合公园，乘车 10 分钟到达市级综合公园。

政府应该增强城市郊野休闲资源的可进入性，在保护生态环境的前提下让居民能够最大程度地接近自然，安全舒适地开展徒步、登山、骑车、观鸟、露营、摄影等休闲活动，让广阔的郊野生态空间成为居民能够亲近的休闲空间。例如，乌鲁木齐市水磨沟区在郊野山区建设长达 33 公里的“水墨天山国家登山健身步道”并免费开放，已经成为深受市民喜爱的户外休闲场所。

政府应积极构建网络状休闲空间体系，最大限度拓展休闲空间，增强休闲空间的连通性和渗透度。在城市增强街道的休闲功能、丰富临街休闲设施，建设行人友好的街道，鼓励步行和骑行，结合街区制发展缩小街区规模、提高街道网络密度，将街道网络建成城市最重要的公共休闲空间。在郊野地区大力加强绿道建设，构建覆盖全国的不同功能和等级的绿道网络体系，以大幅度拓展休闲空间，增强户外休闲资源的可进入性，串联主要户外休闲设施。增加带状休闲空间，满足徒步、慢跑、自行车、骑马等线性休闲活动的需求。

（三）构建充分满足居民休闲需求的休闲设施体系

我国的城市规划长期以来“重生产、轻生活”，忽视了城市的休闲游憩功能。各种休闲资源由其主管部门分别规划，难以全面满足居民的休闲需求。发达国家大多编制了户外休闲游憩规划，从居民的休闲需求出发，整合农业、林业、文化等部门的休闲资源，形成休闲发展的顶层设计方案。我国各级政府也应编制统一的休闲发展规划，整合各部门不同类型的休闲资源，形成满足居民休闲需求的方案。

我国休闲设施在规划建设前应该充分调查目标社区居民的休闲需求，在此基础上选择合适的方案，避免采用全国“一刀切”的规划标准，也不应采用“自上而下”的规划方法。休闲游憩设施由于种类功能复杂多样、产品更新换代迅速，在规划建设过程中更应当依赖公众参与，通过“自下而上”的方式来确保方案确实符合居民需求。

休闲需求与旅游需求有所不同，是居民在惯常环境内的日常生活需求，因此具有频繁性、重复性的特点，微弱的价格上涨就会给居民带来沉重的负担。从发达国家的实践来看，开放、共享是公共休闲设施的显著特征，大多数已实现免费。政府应切实保障公共休闲资源的公益属性，防止企业以开发为名将公共休闲资源商业化或私有化，保障居民使用公共休闲资源的权利。